이처럼 가볍게 되기까지

## 이처럼 가볍게 되기까지

| | |
|---|---|
| **초판1쇄 발행** | 2022년 4월 30일 |
| **지은이** | 김용선 |
| **발행인** | 이희숙 |
| **발행처** | 도서출판 느림 |
| **출판신고** | 2014년 1월 24일  제2014-000001호 |
| **주소** | 경기도 군포시 번영로587 번안길88 202호 |
| **전화** | 031-395-5465 |
| **이메일** | pleden@naver.com |
| **홈페이지** | http://blog.naver.com/pleden |
| **디자인** | 이희숙 |

©김용선 2022

ISBN 979-11-978544-1-5

김용선 에세이

# 이처럼 가볍게 되기까지

느림

## 프롤로그

 파랑새 증후군을 앓는 사람처럼 파랑새를 찾아 헤맸던 시간이 있었다. 파랑새를 찾지 못해 파란색을 덧씌우며 나를 위로한 적도 있었다. 하지만 내가 원하는 파랑새는 멀리 있지 않았다. 나의 파랑새는 항상 내 곁에서 파랑새로 불리기를 애타게 기다리고 있었을 뿐이었다. 다만 내가 파랑새라 불러주지 않았기 때문에 애처롭게도 파랑새가 될 수 없었으리라.

 부족한 나를 드러낸다는 것이 두렵기도 하고 아직은 때가 아니라는 생각이 나를 불러 세웠던 것 같다. 그러나 이런 부족함 또한 내 모습이었다는 것을 늦게나마 깨닫게 되었다.

 이제는 용기를 내어 시작해 보련다.

 글을 쓰고 그림을 그리는 행위는 과거의 나를 위로하고 현재의 나를 다시 걷게 하는 조력자 역할을 한다. 어쩌면 내 마음속 깊숙한 곳에 자리 잡고 있을 옹이진 상처를 쓰다듬어주기도 하고, 상처가 덧나지 않도록 다양한 색깔을 덧칠하며 카멜레온처럼 변신을 시켜주기도 한다.

    나는 이 책을 내면서 욕심을 부려보련다.

    내가 그림을 그리고 글을 쓰는 동안 나를 바라보고 나를 다잡아 온 것처럼 이 책을 보는 이들의 마음에 잠시나마 위안이 머물러 주기를 말이다.

    오늘 내가 내딛는 발걸음이 좋은 방향으로 향하든 그렇지 않은 방향으로 향하든 그것 또한 나의 선택이니만큼 두려워하지 말고 걸어가기를 모두에게 기원해 본다.

2022년 4월 마당가에서

김용선

차례

프롤로그 • 7

1부
나는 '나'일까 • 11
완벽과 평범 • 18
내가 도서관에 가는 이유 • 24
엄마의 머그잔 • 34
연을 띄우며 • 38
안테나가 있는 풍경 • 44
기쁨이 슬픔에게 • 50

2부
처음, 어설퍼도 약하지는 않아 • 57
아버지의 가방 • 64

나와 너의 정지방 • 72

엄마는 공부 중 • 80

로르릭, 잘 지내나요? • 86

멀미와 균형감각 • 94

동해바다 잠녀(潛女) • 102


3부

마당 있는 집 • 112

오죽하면 • 120

박새와 더불어 살기 • 128

허 씨 아저씨 • 136

일요일의 침입자 • 142

아들의 첫 편지 • 148

밋밋해도 좋아 • 154

1부

엄마의 머그잔

회자정리(會者定離)라 했던가. 그 자리에 영원해 머무를 수 없으니 모든 것은 떠날 준비를 해야 한다. 그래서 나는 가끔 나에게 묻곤 한다. 나는 어디로 가야 하지?

## 나는 '나'일까

남편의 직장을 따라 여기저기 많은 도시를 거쳐 지금의 이곳, 이 자리에 정착 아닌 정착을 한 지 일 년 남짓 되었다. 아직도 내 자리가 아닌 것 같아 사람들에게 정을 주지도 못하고 이방인이 되어 이곳저곳의 모퉁이를 헤매고 다닌다. 어쩌면 또 떠날 준비를 해야 할지 모르겠다.

오늘도 나는 거울 속에 나를 비춰본다. 내가 보는 것이 나일까. 욕실, 화장대, 손거울, 현관 거울까지 아니 타인의 눈동자에 비친 내 모습이 모두 같은 모습일까. 다만 이미지일 뿐일 것이다.

잠시 집을 나서면 볼 수 있는 진열장, 그곳에서 나를 찾는다. 내 모습이 물기 하나 없는 메마른 바닥처럼 느껴지는 것은 뭘까. 어쩌면 그것이 내가 맞는지도 모를 것이다. 겉으로 드러난 것이 진정한 내가 되어야 하는데 나는 나를 인정하지 못하고 이질감 속에서 방황하는 것 같다.

 가끔 가을이 무르익어 갈 즈음이면 내 마음속 화폭에 어렴풋이 그려지는 풍경이 있다. 어릴적엔 가을 추수철이 되면 어른, 아이 할 것 없이 농사일을 거들어야 했다. 벼농사를 짓던 논에는 어린아이들의 고사리 같은 손길조차 힘이 되었다.

 벼가 누렇게 익은 들판을 바라보라. 그것이 아름답게 느껴지는 사람이 있고 그것이 일이라고 생각해서 노동의 버거움으로 다가오는 사람이 있을 것이다. 그때의 나는 어른들과 달리 아이 입장이었기 때문에 황금 들판을 아름답다고 생각했던 것은 아니었고 그렇다고 노동이라 생각하지도 않았던 것 같다. 나름의 놀이터였던 것이 정확하지 싶다. 고사리 같은 손에 날카로운 낫을 쥐고 한 줌 한 줌 벼를 베는 모습을 상상해보라. 안타까운가. 아니 그 당시의 나에게는 그저 놀이였을 뿐이다.

 누런 황금 들판 논 가운데를 미로 찾기 하듯 길을 내어도 보고, 벼 타작을 하고 널브러져 있는 볏짚을 모아 이글루처럼 아늑한 공간을 만들어 보는 재미는 경험해보지 않은 사람은 모를 나만의 놀이였다. 당시 나는 세계를 미리 만들어 보는 설계자였다.

 동화 속의 주인공이 되어 나만의 영역을 만들어 놓고 우쭐했던 그 시절의 내가 진정한 나였겠지. 하지만 지금 내 마음속에는 그런 나만의 공간이 사라지고 흔적조차 없다. 이제는 텅 비어 버린 내 마음만이 추억을 더듬고 있을 뿐이다.

 가끔 교외로 나가 벼가 누렇게 익어가고 있는 들판을 마주하면 아련하게 떠오르는 어린 시절의 나를 만나기 위해 생각에 잠겨본다. 너무 많은 것을, 내가 아닌 것을 구태여 담으려고 애쓰기 때문에 나 스스로 이방인이 되어가고 있는 것은 아닐까.


 회자정리(會者定離)라 했던가. 그 자리에 영원해 머무를 수 없으니 모든 것은 떠날 준비를 해야 한다. 그래서 나는 가끔 나에게 묻곤 한다. 나는 어디로 가야 하지?


 겉모습과 속마음이 같은 나를 만나기 위해 아직도 가슴 저편 어딘가에 헤매고 있을 나를 위로해본다. 나를 평가할 잣대를 어디에 두어야 할지 혼란스럽다.

  진심으로 묻고 싶다. 나 아닌 다른 이들의 눈에 비친 내 모습이 어떤가. 그러나 그것 또한 편견과 허상으로 포장된 것일 뿐일 테지.

## 완벽과 평범

 문득, 나는 누구인가? 라는 의문이 든다. 그리고 타인의 시선에서 바라본 내 모습이 어떤지 궁금하다.
 중학교 시절 문학을 사랑하는 교감 선생님이 계셨다. 한번은 전교생을 대상으로 하는 글짓기 대회가 열렸다. 오래전 일인데도 불구하고 또렷하게 내 머릿속에 남아 있는 글의 제목이 '나는 누구인가?'였다. 그 당시만 해도 어떻게 글로 풀어내야 할지 막연하기만 했는데 지금에 와서 생각해 보면, 중학생 시절 자기 자신의 정체성에 대해 혼란을 겪고 있을 제자들을 위해 마련한 것이 아니었을까 하는 생각이 든다. 새삼 그때의 나는 나를 어떻게 표현했을까? 교감 선생님의 칭찬과 제목 외는 아무런 기억이 없는데 많이 궁금하다. 그리고 여전히 그 제목이 내 뇌리에 되새김질 되고 있다.

타인의 시선을 의식하지 않고 오롯이 나로 살아갈 수 있을까? 내 마음이 움직이는 대로 표현하고 행동하는 나 말이다. 그리고 나 스스로가 외적인 모습을 보고 판단하고 평가받지 않을 수 있어야 하는데, 살면서 그러하지 못하다고 느끼는 순간을 수없이 많이 경험하는 것 같아 안타깝다.

순간순간 내 모든 것이 어색하게 느껴질 때가 있는 것을 보면 아마도 내가 아닌 나를 발견했기 때문일 것이다. 그렇다면 지금의 나는 '나'인가? 하고 질문을 던져 본다. 대답은 긍정적이지 못하다. 보이는 것이 전부는 아닐 텐데, 그렇다고 모든 것을 보여 줄 수도 없는 것이 아닌가. 그래서 살아가는 것은 하나하나가 아이러니다.

내 나이 오십(쉰) 살이다. 공자는 지천명(知天命)이라 하여 쉰에 하늘의 명(뜻)을 알았다는데 나는 여전히 나는 누구인가? 라는 의문 앞에 멈춰 서 있다. 그리고 이 순간마저도 내가 가진 그릇의 크기도 가늠하지 못하고 욕심을 부리고 있는 것이 아닌지 불안하다.

완벽함은 더는 보탤 것이 없어서가 아니라 더는 뺄 것이 없을 때 완성된다고 하지 않던가. 이제는 더 많이 채워야지가 아니라 내가 가진 필요 없는 것들을 버리면서 살아가야 할 때인 것 같다.

나는 오늘도 무엇보다 타인을 의식하지 않는 진정한 나의 모습으로 살고 싶다. 그렇지만 현실에서 무너져 내리는 나를 발견한다. 나는 절대 남을 의식하지 않을 테야 하지만 또 다른 내 마음은 상처를 입고 괴로워한다. 나는 나로 사는 것이 처음이고 다른 이들도 그들의 삶이 처음이련만 무엇이 우리를 '다른' 것이 아닌, '틀린' 것으로 치부해버리고 상처를 주고받고 하는 것인가 말이다. 조금만 뒤로 물러서서 그럴 수도 있지, 하는 순간을 받아들일 마음의 틈을 허용한다면 훨씬 나은 관계가 될 텐데.

나는 아직도 하늘의 명을 알지 못한다. 하늘의 명이 아니라 나 자신이 누구인가? 라는 물음에 대한 답도 모른다. 어쩌면 영영

알지 못한 채 살아갈 것이다. 그리고 채워지지 않는 허함은 평범함으로 포장이 되어 현재의 나를 지탱해 갈 것이다. 완벽하지는 못하더라도 평범하게 말이다.

코로나19로 인해 서로 마주하고 대화를 나누는 시간이 많이 적어졌다. 멀리서 서로를 바라보는 시간이 일상화된 삶 속에서 나를 먼저 이해하고 상대를 바라본다면, 세상에 내딛는 발걸음이 한결 가벼워질 것 같다. 그리고 매사에 '너 때문이야.' 가 아닌 혹시 나에게 문제가 있는 것은 아닌가 하고 에둘러 생각해 보는 마음의 여백을 남겨 놓는 짓도 괜찮겠지.

평범한 것이 가치가 없다고 생각한 적이 있었다. 뭔가 특별해야만 하고 특별하지 않으면 무시해버리는 그런 것 말이다. 그래서일까. 평범한 것이 싫어, 나름의 서사적 궤적을 그리기 위해 도전하고 또 도전하며 스스로 다그치기를 반복했나 보다. 그런데 돌이켜보면 사소해 보이고 보잘것없이 여겨졌던 것들이 내 삶을 지탱하는 지지대가 되어 있었다. 그것은 세월이라는 시간을 만나 켜켜이 쌓이고 쌓여 연륜이라는 퇴적층을 이루었기 때문이리라.

나는 오늘도 나다운 나로 살고 싶어 나만의 평범한 서사를 써 내려가는 중이다.

완벽함은 더는 보탤 것이 없어서가 아니라 더는 뺄 것이 없을 때 완성된다고 하지 않던가. 이제는 더 많이 채워야지가 아니라 내가 가진 필요 없는 것들을 버리면서 살아가야 할 때인 것 같다.

## 내가 도서관에 가는 이유

얼마 전 엄마 생신을 기해 시골에 갔었다. 엄마는 오랜만에 만난 딸의 행색이 내심 걱정스러웠는지 같이 간 올케들의 눈을 피해 십만 원을 호주머니에 쑤셔 넣어 주셨다. 적지만 보태서 옷 한 벌 사 입으라고 하셨다. 이제는 돈이 없어서도 아니고 원래부터 몸을 치장하는 데 관심이 없다는 것을 모를 리 없으련만 딸의 모습이 눈에 밟히는 엄마의 마음이었다.

며느리도 자식이지만 그래도 딸의 모습이 초라해 보이는 것이 마음에 걸렸을 엄마를 생각하니 그것이 딸 가진 부모의 마음이려니 여겨졌다. 엄마는 그 돈으로 딸이 변변한 옷 한 벌 갖추어

입기를 바라셨겠지만 난 그러지 못했다. 나는 엄마가 주신 돈으로 옷 대신 책을 샀다. 만족감은 배가 되었다.

나에게 책은 특별하다. 책을 소유하는 것은 나에게 기쁨이다. 좋은 옷을 사 입거나 비싼 음식을 먹는 것에 비할 바가 못 된다. 나에게 책 한 권이 주는 의미를 값으로 따진다는 것은 무의미하다.

작년에 돌아가신 아버지는 글을 읽지 못하셨다. 엄마는 가끔 말씀하셨다. 너희 아버지는 배우지 못해서 누가 등짝에 죽인다고 석어 놓아도 모를 사람이다. 그러니 너희는 힘닿는 데까지 배우라고 말이다. 엄마는 다행히 학교 문턱을 간신히 넘기는 했으나 배움이 짧은 것은 마찬가지였다. 그래서일까 두 분 모두 자식은 글을 가르쳐야 한다는 일념으로 어려운 살림에도 불구하고 교육을 하신 것 같다. 감사한 일이다.

어려운 형편임에도 불구하고 부모님의 노력 덕분에 대학을 졸업하고 나름 지식인으로 살아가고 있지만 내 마음 깊숙이 자리를 잡은 허기진 마음은 책을 소유하고자 하는 욕심 아닌 집착을 가져다주지 않았나 싶다. 책에 집착하는 마음이 명품으로 허세를 부리는 것처럼 보일지라도 내가 책에 집착하는 것은 어쩌면 글을 모르는 부모님 밑에서 글을 알아가는 자식으로 살아오면서 느낀 나만의 결핍은 아닐지.

학창 시절에 내가 느낀 도서관은 따뜻함이 없었다. 가까이하고 싶지 않은 먼 지하 세계 같은 곳이었다고 할까. 다가가고 싶은 곳이 아니었다.

나는 이십 대가 되어서야 제대로 된 동화책을 마음 놓고 읽었다. 어른이 되었지만 어린 시절에 읽어보지 못한 동화책을 마음껏 읽어보고 싶었다. 어린 시절 우리 집 형편에 학교를 다니는 것만으로도 감지덕지했지 책을 사서 읽고 한다는 것은 말 그대로 동경(憧憬)의 대상이었을 뿐이었다.

한동안 나는 허기진 배를 채우듯 책을 사서 읽고 하는 포만감에 빠졌었다. 좋은 책이 무엇인지는 상관이 없었다. 내 손에 닿는 것이면 무조건 좋은 것이었다. 어쩌면 단지 책이어서 좋았던 것 같다. 서점에서 책을 사 와서 밤을 새워 책을 읽은 날은 뭔지 모를 뿌듯함에 나 자신을 대견스러워하기도 했다. 하지만 나는 여전히 허하다.

채워도 채워지지 않는 마음의 결핍은 여전히 나를 책 주위에 맴돌게 하고 있다. 그래서일까? 몇 해 전부터 나는 어릴 때 꺼렸던

지하 세계 같은 도서관에 간다. 이제는 세상 밖으로 고개를 활짝 내민 도서관에 간다.

도서관을 가는 이유는 책을 읽는 목적만이 아니다. 책을 통한 사람들과 만남의 장을 마련하기 위함이다. 혼자만의 독서는 나를 편협한 생각에 가두어 두는 느낌을 지울 수 없다. 제대로 된 시너지 효과를 내기 위해서는 혼자가 아닌 다양한 사람들과 만남은 필요불가결하다는 생각이 들었다. 내가 매주 세 번 정도 도서관을 찾는 이유다.

첫째로 월요일은 '아트플랜'이라는 이름으로 그림을 그리는 사람들의 모임이다. 장소는 도서관 세미나실이다. 화실에서처럼 여러 가지 재료를 사용해서 미술 수업을 할 수는 없지만, 도서관의 제한된 특성에 맞게 빔 수업과 미술 재료를 최소화해서 수업을 한다. 벌써 2년째 진행형이다.

도서관에서 하는 활동이라 관심을 보이는 사람들이 여럿이었다. 하지만 그림만을 잘 그려보겠다고 생각하고 문을 들어섰던 이들은 오래 버티지를 못했다. 하지만 꾸준히 뭔가를 하는 사람은 재능을 능가할 수 있다고 했던가? 과장이기는 하지만 학창 시절 미술 수업이 전부였던 나에게 조금씩 진전된 모습을 보였고,

올해 초에는 도서관에서 전시회도 가졌다. 큰 결실이라면 결실일 것이다.

일주일에 한 번뿐인 수업이었지만 사람들과 만남을 통해 하나하나 쌓은 실력은 나름 만족할만했다. 그리고 화가 한 사람, 한 사람을 들여다보는 재미도 있었다. 그림만으로는 볼 수 없었던 화가들의 삶, 동시대에 살았더라면 친구 삼고 싶은 이, 절망적인 삶 속에서 탄생한 작품을 보면서 느끼는 애잔함, 나는 그 시간을 통해 현실의 친구와 과거의 친구를 동시에 만나는 호사를 누려보곤 한다.

두 번째는 화요일 '명작독서회'다. 혼자만의 독서는 어떤 책이 좋은지 또는 어떻게 읽어야 하는지도 모른 채 그냥 사냥감이 옆에 있으니 낚아채듯 읽고 넘기는 경우가 많은 것 같다. 나 역시 나름 많은 양의 독서에도 불구하고 충족되지 않는 허기진 마음뿐 만족스러운 책 읽기를 하지 못하고 있었다. 그러던 중 책을 제대로 읽어보자는 취지를 가지고 몇 사람이 모여 독서회를 만들었다. 시작은 연령대도 삼십 대에서 팔십 대까지 책을 통한 만남이 아니면 힘든 조합으로 만들어졌다. 삶 그 자체가 책인 분들과 모임인 셈이다.

좋은 문장이나 단락은 발췌해서 낭독을 하기도 하고, 작품을 쓰게 된 작가의 삶과 작중 인물들에 관한 얘기를 나누다 보면 어느새 묘한 매력 속으로 빠져드는 나를 발견하곤 한다. 어떤 때는 내가 알지 못했던 작가와 작품을 대면하는 횡재를 얻기도 해 여러 가지 면에서 유익한 모임이라는 생각이 든다. 지금까지 카뮈, 발자크, 슈테판 츠바이크 등 지중해와 유럽 쪽 작품과 박지원의 열하일기를 읽으면서 재미있게 책을 통한 자유여행을 했다. 같은 시간, 같은 공간에서 살아가지 못했지만, 책을 통한 만남은 우정을 나누기에 충분하다는 느낌이다.

세 번째로 목요일은 문학회 모임이다. 문학을 사랑하고 글을 쓰고자 하는 사람들의 모임이다. 시, 수필, 소설로 장르를 나누어 회원들의 작품을 합평하는 위주로 수업을 진행하고 있다. 글을 쓰는 사람도, 그냥 수업만 듣고 글을 쓰기를 망설이는 사람도, 시간이 지나면 더 잘 쓰고 싶고, 나도 한번 써 볼까 하는 마음으로 글을 쓰게 만드는 모임이다. 그런 가운데 숨은 잠재력을 드러내는 회원이 생기기도 하니 여러모로 괜찮은 모임이다.

가정과 직장 생활로 지친 몸을 이끌고 도서관을 드나드는 것이 사치스러워 보일 수도 있다. 하지만 나는 역으로 지친 마음을 조금씩 회복해 가고 있다. 어쩌면 허기진 배를 채운 느낌이랄까.

  책을 통한 치유는 여러모로 장점이 있다고 본다. 나이와 성별, 지위고하 막론하고 개개인의 다른 삶 속에서 느끼는 차이를 극복하고 공유할 수 있기 때문이다. 책 하나만 사이에 두고 있으면 각각의 다름이 또 다른 배움으로 다가온다는 것을 여러 모임을 통해 깨달았다.

  책을 읽으며, 아니 책을 읽을 수 있으면서 가지게 되었던 내 삶의 결핍, 그것은 나에게 주어진 삶의 선물이었다. 앞으로도 도서관은 책으로 상처받았던 나의 허기진 마음을 지혜로운 삶으로 이끌어 주는 계기가 될 것이다. 태아가 배 속의 양수 속에서 최고의 편안함을 유지하듯이 나는 도서관에서 내 마음의 안정을 찾아가고 있다.

  그것이 내가 도서관에 가는 이유이다.

가끔 나는 생각한다. 나의 마음은 어떤 그릇에 담으면 어울릴까? 그릇의 크기, 모양, 문양도 포함할 수 있다면 좋겠지만 단지 나는 그릇의 크기로만 단정을 짓고 싶다. 그릇이란 크고 작고가 아니라 무엇을 담느냐에 따라 용도가 달라지는 것이니 크기로 나눈다는 것이 무슨 의미가 있을까 싶지만 그래도 나를 그릇에 담아 보고 싶다.

## 엄마의 머그잔

아침에 빠지지 않고 하는 것이 커피 한잔 마시는 것이다. 일을 나가는 날이건 집에 쉬는 날이건 상관없이 커피 한잔을 마시고 나면 힘이 난다고 해야 할까. 예쁘고 좋은 커피잔은 아니지만 편하게 손이 가는 머그잔에 마시는 커피는 일상이 되었다.

편하다는 것이 뭘까? 물건으로 봤을 때 비싸지 않은 것일까? 아니다. 나에게 편하다는 것은 마음을 불편하게 하지 않는다고 하는 것이지 싶다. 그래서 나는 격식에 얽매이지 않고 나를 옭아매지 않는 것을 선호하는 편이다.

형편이 나아졌다고 해서 멀쩡한 것을 버릴 수는 없다. 그렇다고 돌아서면 새로운 것들이 쏟아지는 세상에서 마냥 멈춰 서있기도 힘들긴 하다. 그런데도 나는 내 몸에 익숙한 것이나 편한 것을 선호한다. 의식하지 않아도 되고 손 닿는 곳에서 얻을 수 있는 것들이 나를 편안하게 하기 때문이다. 커피 한잔으로 나는 내 하루하루의 지루함, 외로움, 슬픔, 기쁨, 여유 등을 곱씹는다.

오늘도 나는 별다른 생각 없이 손만 뻗으면 내 손에 쥐어지는 머그잔에 커피 한잔을 마신다. 친정에 가면 엄마가 머그잔 하나를 두고 항상 하시는 말씀이 있다. 네가 학교 다닐 때 쓰던 것인데 아직도 쓰고 있다고 말이다. 엄마는 자랑하듯 말씀을 반복하신다. 네가 쓰던 것이라 버리지 않고 있다고 말이다. 삼십 년 가까이 된 머그잔이 뭐가 좋아서 그렇겠나? 엄마는 자식이 사용했던 물건조차도 버리지 못하고 간직하는 것이다. 그것이 부모의 마음인가 싶다.

가끔 나는 생각한다. 나의 마음은 어떤 그릇에 담으면 어울릴까? 그릇의 크기, 모양, 문양도 포함할 수 있다면 좋겠지만 단지 나는 그릇의 크기로만 단정을 짓고 싶다. 그릇이란 크고 작고가 아니라 무엇을 담느냐에 따라 용도가 달라지는 것이니 크기로 나눈다는 것이 무슨 의미가 있을까 싶지만 그래도 나를 그릇에 담아 보고 싶다.

　머그잔 하나가 엄마에게는 딸을 기억하는 도구가 되듯이 한 사람의 하루를 보듬어주는 역할을 한다는 생각에 이른다.
　머그잔 하나가 만들어지는 과정이 내 마음 그릇을 만드는 것과 같지 않을까 싶다. 어떤 손으로 빚을지, 어떤 모습으로 완성될지, 어쩌면 모든 것은 사용하는 사람이 어떤 마음으로 다루느냐에 있는 것이 아닐까? 작품으로 인정을 받지는 못했지만 생활 용품으로 나를 만나 짧지 않은 시간을 같이 한다는 것은 한 사람의 지난 시간을 고스란히 담고 있음이다.
　아무리 보잘것없는 머그잔 하나지만 누군가의 추억 속에서 명품의 삶을 살 수도 있고, 편리함을 무기로 누군가의 하루하루를 함께하는 영광을 안을 수도 있다는 것이다. 내 삶의 흔적이 엄마를 만나 소중하게 간직되는 것처럼 세상에 존재하는 모든 것은 존재 가치가 있는 것 같다.
　그래 나의 마음을 어떤 그릇에 담을까를 고민하지 말고 평범하고 편안한 것에 담자. 거부감만 느껴지지 않는다면 무엇이라도 좋을 것이다.

무엇이 중요한 것이 아니라 지금 필요한 것이면 더 좋을 것이다.

## 연을 띄우며

　계절마다 몸으로 마음으로 느끼고 체감하는 정도는 다를지 몰라도 나의 마음을 사로잡는 것은 가을이지 싶네요. 아니 가을과 겨울의 경계선 어디쯤이 더 정확할지도 모르겠네요.
　지금의 내 마음, 어쩌면 당신에게 전달되지 못하고 나만의 독백으로 끝날지도 모르겠지만 나의 내면을 사뿐 사뿐히 걸으며 소리 없는 마음을 그려보려 합니다.
　당신과의 대화가 그리울 때면 난 당신에게 편지를 쓰곤 했죠. 용기가 생기는 날이면 편지를 당신 양복 주머니에 넣어 두고 쑥스러운 마음을 전하기도 했었지요. 하지만 모든 편지가 전달되지는 못했고 내 일기장 속에 며칠 동안 머무르다 찢겨 사라지곤 했던 것 같아요.

정리되지 않는 말을 즉흥적으로 내뱉는 것보다 편지를 쓰면 좋은 점이 있더군요. 그 순간에는 꼭 짚고 넘어가야지, 꼭 따지고 물으리라 생각하다가도 글을 쓰다 보면 누그러지게 되고 내가 생각이 짧았구나, 아니야 이건 내 오해야 하면서 나 자신을 절제하는 힘이 생기니까요. 편지는 말로 내뱉는 것보다 후회를 덜 하게 하는 매력이 있어서 좋았어요. 그래서일까 우리 부부 이제껏 살아오면서 긴 세월은 아니지만, 서로에게 막말하거나 가슴에 맺히는 말들은 삼가며 살았지 않았나 하는 생각이 드는데 당신 생각은 알 길이 없네요. 하지만 당신도 내 마음을 아는 듯, 감정적으로 대하기보다는 당신이 잘못한 것이 있으면 미안하다고 표현해줘서 고마웠어요.


서로 다른 두 사람이 함께 살아간다는 것은 결코 사랑만으로 채워지지는 않지요. 예고되지 않은 많은 시련 속에서도 지금 이렇게 중심을 잡고 살고 있다는 것이 가끔은 믿어지지 않아요. 내 선택, 내 판단이 그렇게 모나지 않았나 봐요. 그런대로 잘 살아냈다는 안도감이 드는데 당신 생각은 어떤가요?

　가끔은 미련스럽고 고지식해 보이는 나를 이해해주고 잘 맞추어줘서 고마워요.


　사랑, 사랑한다는 말을 입버릇처럼 이라도 듣고 싶은 것이 여자 마음이지만 난 가슴으로 피부로 느끼고 싶네요. 사랑이 퇴색되어 가고 영원하지도 않다는 생각을 하고 있어서일까요.

　당신과 내가 싸워 둘 중의 하나가 이긴들 무엇이 남을까요? 자존심, 부부 사이에는 부질없는 것이라는 생각이 들어요. 당신은 하늘, 나는 땅. 참 통속적인 말이죠. 그래도 저는 가장으로서 당신을 존중해주고 싶어요. 그리고 저도 존중받고 싶고요.

　부부의 연(緣)이라는 것이 쉽게 맺어지는 것이 아니라는 것을 누구나 공감은 하지만 그 연이라는 것이 어떤 때는 인연(因緣)일 수도 악연(惡緣)일 수도 있기에 참 힘들다는 생각이 듭니다. 우리는 마지막에 인연(因緣)이라 여길 수 있도록 서로 이해하고 존중하면서 행복하게 살아가자는 노래 가사가 가져다주는 가슴 뭉클함처럼, 길지도 않은 인생 서로 헐뜯고 미워하기보다는 보듬어주려는 마음가짐으로 살아봐요. 그리고 당신과 나의 연을 튼튼하게 이어가도록 해요.

앞으로 또 얼마나 많은 시련이 찾아와 당신과 내가 힘든 시간을 함께해야 할지 모르겠지만 원망과 미움보다 서로를 인정해주고 보듬어준다면 아무런 문제가 없으리라 봅니다.

우리는 혼자가 아니기에 포기해야 할 것이 많다고 힘들어하지만, 가족이라는 울타리 안에서 엮어 가는 인생이 그렇게 손해 보는 삶은 아니지 않나요? 나도 당신도 처음 살아보는 인생이라 서툴지만 나름 잘 살아가고 있는 것 같네요.

서로 다른 두 사람이 함께 살아간다는 것은 결코 사랑만으로 채워지지는 않지요. 예고되지 않은 많은 시련 속에서도 지금 이렇게 중심을 잡고 살고 있다는 것이 가끔은 믿어지지 않아요. 내 선택, 내 판단이 그렇게 모나지 않았나 봐요. 그런대로 잘 살아냈다는 안도감이 드는데 당신 생각은 어떤가요?

 가끔은 미련스럽고 고지식해 보이는 나를 이해해주고 잘 맞추어줘서 고마워요.

## 안테나가 있는 풍경

 한 시대를 살아가면서도 개개인이 느끼는 삶의 체감 온도는 다르다. 사회의 발전 정도에 상관없이 어느 지역 혹은 어떤 부모 밑에서 살았느냐에 따라 일반적인 혜택을 누리지 못할 수도 있다. 나는 경험하지 못했던 것들을 책이나 기타 매체를 통해서 처음으로 접하게 되었을 때 소외되었다는 생각이 자주 복받쳐 한참이 지나서야 문화적 충격에서 조금은 헤어날 수 있었다.

 80년대 전, 후반을 고등학교까지 보냈다. 나고 자란 곳이 도시와는 많이 동떨어져 있는 곳이었고 교육 환경이라고 해봐야 산골 시골 학교다 보니 큰 도시와의 차이가 아니라 읍내학교

마저 거리감이 크게 다가오는 그런 곳이었다. 그나마 고등학교는 도시로 유학을 하러 갈 수 있었기 때문에 조금은 이른 문명의 혜택을 누리고 살 수 있었지만 말이다.

그 당시 시골집 대문 담장 위나 지붕 위에는 아카시아 잎 모양의 날개를 여러 개 달고 있는 TV 안테나가 집마다 서 있었다. 그 시절의 대표적 풍경이었고, 그것은 세상의 변화를 볼 수 있는 유일한 통로이기도 했다. 지금이야 어느 곳이라도 마음만 먹으면 갈 수 있고 다양한 정보를 수집할 수 있는 상황이 되었지만, 그때만 하더라도 교통도 발달하지 않았고 생활 수준도 열악하다 보니 TV를 통해서 보이는 것들은 별천지나 다름없었다.

지금은 똑똑한 시대를 살고 있다. 집마다 세워져 있던 안테나도 필요 없는 시대가 되어 겉으로 보이는 것보다는 속으로 감추면서도 기능은 높이 살렸다. 예전에는 집마다 안테나가 없으면 제대로 된 방송을 볼 수가 없었다. 난시청 지역에서는 날씨의 영향도 많이 받았다. 특히 비가 오거나 바람이 부는 날이면 안테나가 전파를 제대로 수집하지 못하기 때문에 방송 상태가 좋지 않아 집마다 진풍경이 연출되기도 했다. 우리 집도 예외는 아니었다. 막내인 나는 항상 담장 위에 올라가서 안테나를 잡고 돌려야 했다. 방향이 정해져 있는 것도 아니었기에 이리 돌리고 저리 돌리고 해서 집 안에 있는 사람이 잘 나온다는 신호를 보내기 전까지는 내려오지도 못하고 안테나와 한 몸이 되어 씨름 아닌 씨름을 해야 했던 기억이 아직도 생생하게 남아 있다.

　퇴근 후 저녁이면 하루를 마감하는 시간이 되었는데도 불구하고 가끔은 직업의 연장선을 그어야 할 때가 종종 있다. 이유는 스마트폰 때문이다. 문자 알림음이 '휘' 나서 확인을 하면 내일 수업이 있는 학생의 문자가 와 있다. 문제를 풀다 모르는 문제가 생겼나 보다. 몇 년 전만 해도 도형 같은 문제는 설명하기가 애매하기 때문에 풀어서 문자로 질문을 하다 보니 정확하게 전달을 받을 수 없어 매번 전화를 걸어서 설명을 해줘야 했다. 하지만 지금은 문제에 대한 설명이 필요 없다. 문제를 바로 카메라로 찍어서 첨부하면 그만이다. 질문은 간단하다. '선생님, 이 문제 어떻게 풀어요?' 참으로 편리한 세상이라는 생각이 들면서 거리낌 없이 선생님과 소통할 수 있는 요즘의 아이들이 한편으로는 부럽기도 하다.

　중학교 일학년 때일 것이다. 그때는 '방학생활'처럼 책으로 나온 공동 과제물도 있었고 교육 방송이 막 시작되었던 때라 방송을 시청하고 문제를 풀어오라는 과제가 주어졌다. 선생님도 학생들이 전부 시청하리라 예상은 하지 않았을 것이다. 유료 시청이었기 때문이다. 형편이 좋지 않았던 시절이라 부모님의 허락이 필요했는데, 자식이 공부를 한다는 말에 어렵게나마 방송을 시청할 수 있는 여건을 만들어주셨다.

요즘 교육 방송을 시청해 보신 분들은 아시겠지만, 무료 강의도 많고 시간의 제약도 없고 혹여 놓쳤더라도 다시 보기나 인터넷을 통해 시간이 많이 지나간 경우라도 얼마든지 제약 없이 볼 수 있게 되었다. 그러나 그 당시는 꼭 그 시간을 준수하지 않으면 다시는 볼 수가 없었다. 그렇다 보니 한여름 더위가 있을 때는 더위를 벗 삼아 방송을 봐야 했던 기억이 난다. 아직도 잊히지 않는 광경은 아마 그때가 날씨가 흐려 방에 불을 지피고 고추를 말리고 있었던 상황이었던 것 같다. 방문을 열 수도 없고 열기로 가득한 좁은 방에서 순식간에 지나가 버리는 화면을 조금이라도 잡아서 필기해 보려고 안간힘을 쓰던 그 순간이 아직도 고추의 매운맛만큼이나 아프게 다가왔다.

참고서가 시중에 나와 있기는 했지만 사서 볼 형편은 되지 못했고 단지 교과서만 마르고 닳도록 파고드는 수밖에 없던 현실에서 TV에서 선생님이 나와 수업을 해 준다는 것은 획기적이었고 생소함과 더불어 놓치면 안 될 것 같은 강한 의지를 심어 주면서 공부만이 세상 밖으로 나가는 유일한 길이라는 것을 느끼게 했었다.

이제는 시간과 장소에 구애받지 않고 배움이 있어야 하는 사람이라면 누구나 배움의 길이 열렸다. 비싼 돈을 들이지 않고도 유명인의 강연을 들을 수도 있고, 현실감은 조금 떨어질지 몰라도 값비싼 공연료를 내지 않아도 동영상으로 공연을 볼 수도 있게 되었다.

배움의 기회를 다양하게 받을 수 있게 되었다는 것이 너무도 감사한 일이다. 나에게는 하나라도 더 배우기 위해 분주했던 예전의 모습이 아련하나마 아름다운 추억으로 남았지만, 흘러넘칠 만큼 풍족해진 현실에서는 그마저도 누리지 못하는 것이 극복하기 힘든 아픔으로 남는 환경이 되어버렸다.


풍랑이 치고 파도가 일렁이는 바다에서 살아남는 것은 쉬운 일이 아니다. 하지만, 아는 것과 모르는 것, 본 것과 보지 못한 것은 너무나도 큰 차이가 난다. 내 경험에 비추어 볼 때 호수처럼 고요한 곳에서 영원히 사는 게 아니라 한 번이라도 풍랑을 경험해야 한다면 변화의 세상 앞에 한 발이라도 먼저 서는 것이 문화의 충격을 덜 받는 요령이 된다.

모든 것이 변화하고 있는 정보화 시대다. 가진 자와 가지지 못한 자가 차별 없이 살아갈 수 있기 위해서 통신의 역할이 그만큼 중요하다. 공정한 눈으로 보이지 않는 곳까지 넓은 의미의 안테나 역할을 해 준다면 다 함께 행복한 세상이 될 수 있을 것이다.

## 기쁨이 슬픔에게

기쁨이 기쁨과 얘기를 한다.

네 기쁨은 얼마나 크니?

응, 말로 표현할 수 없을 정도야.

아!

슬픔이 슬픔과 얘기를 나눈다.

네 슬픔은 어느 정도니?

죽을 것 같아.

그렇구나.

그래도 네 슬픔은 나보다는 아닐걸.

기쁨과 슬픔이 앞서거니 뒤서거니

내 마음속에서 톱니바퀴처럼 돈다.


마음은 오롯이 마음이 이끄는 데로구나.

2부

# 처음, 어설퍼도 약하지는 않아

처음이라는 것은 항상 낯설고 두렵다. 아니 나는 그랬다. 그러나 시간이 가면 익숙해지는 때가 오기 마련, 나에게 언제 그런 시절이 있었나 싶은 시절이 온다는 것이다. 어떤 일을 하든 그 분야에서 최고인 사람은 멋지다. 하지만 그것은 하루아침에 저절로 이루어지는 것이 아니다. 인내하고 노력한 시간이 그 사람을 멋지게 만들어 준 것이지 절대 그냥 주어지는 것은 없다.

## 처음, 어설퍼도 약하지는 않아

    대학을 졸업하고 입시학원 강사 직업을 가지려고 이력서 한 장을 들고 낯선 거리에 들어섰던 기억이 난다. 설렘이 아니라 이제는 독립된 인격체로 내 밥벌이를 하며 살아야 한다는 막연함이 더 두렵게 다가왔던 그런 날이 있었다. 낯섫은 어두운 터널을 지날 때처럼 '처음'이라는 무경험이 예측 불허의 공포감으로 나를 두렵게 했던 것 같다.

    최근에 인근 지역 고등학교 3학년 학생 13명이 내가 다니는 회사에 실습을 나왔다. 내 아들보다 어린 학생들이 취업을 위해 실습을 나온 것을 보니 그냥 지나치게 되지를 않는다. 나는 사회에 첫발을 내딛는 학생들이라는 생각이 들어, 나름 좋은 이미지를 심어 주고 싶다. 그리고 학생들이 실습을 마치고 회사에 남기를 원할 경우, 병역특례 혜택까지 주어진다고 하니 일거양득의 성과를 기대할 수도 있다.

며칠 전 나는 학생들을 회의실에 모아놓고 몇 가지 당부를 했다. 미흡하나마 사회 선배로서 도움이 되고 싶은 마음 하나로 마련한 자리였다. 나 또한 대학교 4학년 때 교생 실습을 해 보았기 때문에 그 경험으로 학생들을 마주하니 하고 싶은 말이 너무 많았다. 그러나 아무리 좋은 말도 길어지면 잔소리가 되는 법이라 적당하게 몇 가지 당부하며 마무리했다. 모임을 마치고 학생들이 지루해하지 않았을까 걱정을 했는데 그런대로 호응이 괜찮았다.

우선 내가 회사에 다니면서 직원들이 갖췄으면 하는 것과 몇 가지 아쉬운 점을 요약해서 전달했다. 첫째, 웃어라. 밝은 미소는 모든 것을 포용한다. 둘째, 인사를 잘해라. 굳이, 말로 하지 않아도 된다. 가벼운 묵례로 상대를 대해도 충분하다. 셋째, 솔선수범해라. 다른 사람이 하겠지, 아니다. 자신이 먼저 하라고 일러 주었다. 젊음은 돈으로 살 수 없지 않은가. 그리고 실패해도 용서가 되는 시기가 아닌가. 대가를 바라기에 앞서 먼저 행동하고 성실성을 앞세운다면 어디 가서든 살아남을 힘이 생길 것이다.

　내가 사전에 들은 바로는 실습생 대부분이 가정형편이 어렵다고 했다. 그래서 학생들과 미팅 자리에서 마지막으로 당부한 것이 있었다. 가정환경은 내가 선택한 것이 아니니 어떻게 할 수 없다. 하지만 모두 어깨를 쭉 펴고 당당하게 생활하라고 했다. 내 몸 움직여서, 내가 번 돈으로 당당하게 생활하라고 말이다. 학생들이 실습을 잘 마치고 좋은 결과를 얻기를 바란다. 나의 몇 마디가 큰 힘이 되지는 않을 것이다. 하지만 처음이라는 것은 무한한 가능성을 품고 있는 만큼 잘 성장하길 바란다.

　학생들에게 잔소리 많은 어른으로 비쳤을지 모르겠지만 한 번쯤은 얘기하고 싶었다. 그리고 살아보니 어느 곳에서 어떤 일을 했던 내 삶에 허투루 남는 것은 없음을 알게 되었다. 모든 것이 경험이었고 진심으로 자기가 하는 일에 일관성을 가지고 행한다면 결국 세상은 나를 인정해 주는 것이다.


　처음이라는 것은 항상 낯설고 두렵다. 아니 나는 그랬다. 그러나 시간이 가면 익숙해지는 때가 오기 마련, 나에게 언제 그런 시절이 있었나 싶은 시절이 온다는 것이다. 어떤 일을 하든 그 분야에서 최고인 사람은 멋지다. 하지만 그것은 하루아침에 저절로 이루어지는 것이 아니다. 인내하고 노력한 시간이 그 사람을 멋지게 만들어 준 것이지 절대 그냥 주어지는 것은 없다.

학생들이 실습하는 동안 얼마나 많은 경험을 쌓을지는 각자의 역량에 달려있을 것이다. 그리고 모든 것이 순탄하지만은 않을 것이라 짐작한다. 그러나 부딪쳐 보는 거다. 아픔도 경험으로 단단해지는 것이기에, 견뎌내는 힘을 키워가야 하리라. 아물지 않는 상처가 아니라 아무는 상처는 자신을 키우는 밑거름이 될 터니까. 나는 그들 옆을 스치고 지나가는 보잘것없는 하나의 존재에 불과하겠지만, 사회에 첫발을 내딛는 그들에게 미흡하나마 불쏘시개가 되고 싶다.

사회에 내딛는 첫발이 모든 것을 결정하지는 않을 것이다. 그래도 두려워하지 말고 당당하게 걸어갔으면 싶다. 직장 생활을 한다는 것은 생각보다 시시하고, 생각보다 금전적으로 만족스럽지 않을 것이다. 처음은 작고 초라할지 몰라도 그렇게 시작되는 것이니까.

거저 주어지는 것은 없을 것이다. 요행을 바라지 말고 묵묵히 자기 자리를 만들어 가는 사회 초년생들이 되어주길 바란다. 그리고 어느 날 문득, 나에게 행운이 찾아왔어. 라고 말할 수 있는 사람은 누구보다 열심히 산 사람일 것이다. 무사히 실습을 마치고 같은 회사에서 근무하길 바란다.

나에게 있어 처음은 어설프고 미숙했을지 몰라도 지나고 보면 내 삶의 한 자락에 매달려 있는 아련함이요, 나를 이끌어온 힘이었다고 말하고 싶다. 그래서 학생들이 처음을 두려워하지 말고 따뜻하게 맞이했으면 싶었다.

## 아버지의 가방

 아버지가 돌아가신 뒤 시골집에 홀로 남겨진 어머니 걱정에 삼남매가 모였다. 표면적으로는 유품정리라고 할 것까지는 아니었지만, 아버지가 떠난 자리를 정리하기 위함이었다.
 시골집에 가면 거실 벽에는 가족들의 변천사나 다름없는 사진이 줄지어 걸려있다. 아버지의 작품이다. 콘크리트 벽이라 못을 박기가 힘들었을 법도 했으련만 액자 하나, 하나를 자를 잰 듯 일정한 간격으로 정갈하게 걸어놓았다. 이번에 큰오빠가 부모님 사진을 액자에 담아왔다. 그 액자 속에는 젊은 날의 두 분 모습이 담겨 있었다. 어머니는 그 사진이 마음에 드셨는지 안방 벽에 걸어 달라고 하셨다. 오빠 둘은 벽에 못 몇 개 박는 것쯤이야 했다. 얼마나 지났을까. 거실에서 그것을 지켜보고 있던 나머지 가족들은 안방에서 일어나고 있는 일이 사소한 작업이 아님을 알아챘다. 처음에는 둘이서 번갈아 가면서 망치로 박는 것 같더니 급기야 전기드릴을 가져왔다. 집 벽이 무너질 정도의 굉음을 내는 것이 공사 현장을 방불케 했다. 그 모습이 마땅찮았는지 어머니가 보시고는 "너그 아버지는 망치 몇 번 두드리면 금방이었는데, 됐다, 마 집 부서지겠다" 손사래를 치셨다.

나는 소란스러운 광경에서 물러나 마당으로 나왔다. 돌아가신 아버지가 더없이 그리웠다. 마당 한편에는 커다란 창고가 있다. 아버지의 공간이다. 아버지의 공간에는 아버지의 물건들로 가득했다. 제일 먼저 눈에 들어온 것은 예전에 학교 교실에서나 볼 수 있었던 낡은 나무의자였다. 더는 잎도 열매도 맺을 수 없어 밑둥치만 남은 그루터기처럼 덩그러니 자리를 지키고 있었다. 아버지가 생계를 위해 쉼 없이 달릴 때는 엉덩이 한 번 내려놓을 여유가 없었을 것이다. 그러나 기력이 떨어져 무언가 의지할 곳이 필요했던 아버지에게 나무의자는 하나의 안식처가 되어주었으리라. 나무의자를 잠시 응시하다 보니, 그리움이 뿌옇게 올라와 눈을 흐리게 했다. 시선이 닿은 곳은 어느 것 할 것 없이 변함없는 모습이었지만, 왠지 낯설게 다가왔다.

창고는 기역자 모양으로 되어있었고, 벽에는 생소한 도구들이 용도별로 나뉘어 가득 걸려있었다. 그것들은 아버지의 꼼꼼한 성품을 고스란히 옮겨놓은 듯했다. 어떤 한 부분은 서가의 모습을 하고 있었다. 대부분의 철제 연장들은 차갑고 냉철한 모습으로 걸려있었지만, 한창 제 역할을 다할 때의 뜨거움이 느껴졌다. 그것들은 아버지의 성품을 닮아있었다. 하지만 이제는 주인이 없다는 것을 아는지, 쓰임새를 잃고 가득 녹을 머금은 고철의 모습일 뿐이었다. 언젠가는 아버지가 훌쩍 떠나신 것처럼 녹을 머금은 그것들도 산화되어 사라지겠지 싶었다.

창고에는 아버지가 목수 일을 하시며 매일 둘러메고 다니시던 회색 가방도 입을 다문 채 놓여 있었다. 들어줄 이도, 닫힌 입을 열어줄 이도 떠나고 없어서인지 먼지만이 주위를 맴돌고 있었다.

그 가방은 배우지 못한 한을 자식에게는 물려주지 않으시려던 간절함으로 쉼 없이 열렸다, 닫혔다 했을 것이다. 어둠이 가시지 않은 새벽에 나가 늦은 밤 어둠을 잔뜩 짊어지고 돌아오는 삶이었지만 힘든 노동의 고통보다 당신 손으로 당당하게 벌어서 가족을 부양하는 것에 자부가 컸을 것을 생각하니 가슴이 먹먹했다.

아버지는 그 무거운 짐을 내려놓자마자 모든 것을 놓아 버리고 떠나셨다. 자식들에게는 공부하라는 말도, 당신처럼 고달프게 살지 않으려면 배우라는 말도, 일절 하지 않으셨다. 그저 못하나 박는 데도 힘보다는 요령이 있어야 한다는 것을 몸소 보여주신 삶을 사시다 가셨다. 아버지의 가방 속에 가득 들어 있던 연장들이 글이 되고 책이 될 수는 없겠지만 많은 이야기를 꺼내 자식들에게 전해 주는 것 같았다. 창고에 남아있는 아버지의 흔적들이 안방 사진 속에서 환하게 미소 짓는 아버지의 모습과 겹쳐지면서 울컥, 그리움이 도졌다.

 값나가는 것이라고는 하나도 없으면서 등짐에 가득 짊어진 생의 무게만 가득했던, 그 가방을 멘 젊은 날의 아버지가 환하게 웃으시며 "아빠 왔다."하고 들어오실 것만 같다. 그러면 나는 아버지의 낡은 나무의자를 서둘러 내어 주리라.

그 가방은 배우지 못한 한을 자식에게는 물려주지 않으시려던 간절함으로 쉼 없이 열렸다, 닫혔다 했을 것이다. 어둠이 가시지 않은 새벽에 나가 늦은 밤 어둠을 잔뜩 짊어지고 돌아오는 삶이었지만 힘든 노동의 고통보다 당신 손으로 당당하게 벌어서 가족을 부양하는 것에 자부가 컸을 것을 생각하니 가슴이 먹먹했다.

## 나와 너의 정지방

달빛이 하얗게 내리는 밤, 정지방 봉창을 통해 들어오는 빛은 아름다웠다. 은은하게 스며드는 달빛은 뭐라 형용할 수 없이 어린 내 마음을 사로잡았다.

어릴 적 내 방은 안방과 부엌 사이에 난 조그만 곳이었다. 내 고향 합천에서는 정지방(정주간)이라고 불렀는데 부엌과 분리되어 있고 문이 달려있어 작지만, 방으로 사용할 수 있었다. 정지방은 부엌으로 통하는 문과 안방으로 연결된 미닫이문 그리고 창문이 없는 봉창이 있는 작은 방이었다. 어머니가 가족들의 식사 준비를 위해 부엌 아궁이에 불을 지필 때면 문틈으로 연기가 자욱하게 들어왔다. 어린 나는 어쩔 수 없이 아침이면 매캐한 연기를 마시면서 일어나야 했다. 연기가 넘나드는 방 벽은 온통 그을음으로 뒤덮여 있어 불을 켜지 않으면 항상 어둠이 내려앉아 있었다. 그런 정지방은 방으로 사용하기에는 적합하지는 않아 보였다. 그렇지만 나만의 공간이 있다는 것만으로도 충분히 내 방으로 만족스러웠다. 늦은 밤에 가만히 누워 봉창을 바라보고 있으면 미미하게나마 봉창에 비치는 달빛이 마냥 좋았다. 나는 한 평 남짓한 작은 그곳을 중학교 때까지 사용했다.

어느덧 중년에 접어들었지만 정지방을 떠올리면 생각나는 친구가 있다. 초등학교 시절 같은 동네에 살았던 그 친구네 정지방을 방문한 기억 때문일 것이다. 얼마 전 추석 때였다. 다른 때와 달리 명절 연휴가 주말까지 쉴 수가 있어서 오랜만에 친정에 갔다. 그리고 명절 전에 우연히 그 친구와 연락이 되었는데 시간이 되면 만나자고 인사치레로 말을 했었다. 시댁에서 명절을 보내고 친정에 가 있으니, 저녁때쯤 친구가 정말로 잊지 않고 찾아왔다. 남편도 함께였다. 오랜만의 만남이었다. 오랜만이라고는 하나 함께 하지 못한 시간이 길었던 탓에 이런저런 지난 얘기로 시간을 보내다 밤도 늦었고 해서 다음을 기약하며 헤어졌다.

특별할 것도 없는 만남이었다. 하지만 지난날을 떠올려보면 현재 결혼해서 평범하게 살아가고 있는 친구의 모습이 잘 믿어지지 않는다.

  친구는 초등학교 4학년 때쯤 어머니가 암으로 돌아가셨다. 누구에게나 예기치 않게 일어날 수 있는 상황이었을 것이다. 그렇지만 어린 그 친구가 감당하기에는 힘든 일이었을 것이다. 그 후 친구는 마음의 상처가 깊어져 말문을 닫고 외부와의 단절을 시작했다. 지금 생각해 보니 은둔형 외톨이가 되었던 것 같다. 학교에도 거의 나오지 않으면서 혼자만의 세계에 빠져들었다. 아무도 그 마음을 이해하지 못했다. 그때는 나도 어렸던 탓에 친구의 아픔을 이해하지 못했고 친구가 어머니를 잃은 슬픔을 감싸 안고 헤매는 것을 대수롭지 않게 생각했었다. 언젠가 한번은 친구를 만나러 갔었는데 기억은 잘 나지 않지만, 오랫동안 학교에 나오지 않아 학교 선생님의 권유로 찾아갔었던 것 같다. 친구는 내 방과 같은 정지방에서 홀로 지내고 있었다. 나의 방문에도 별다른 반응을 보이지 않고 그저 초점 없는 눈으로 나를 바라보던 그 날의 친구 모습이 생생하다. 칙칙하고 어두컴컴했던 방 때문인지 나는 친구 곁에 오래 머무르지 못하고 서둘러 나왔었다. 내 방에서 느끼는 그 어둠이 아니었다. 서둘러 벗어나고 싶었던 그곳에는 조그만 빛도 느껴지지 않았다. 하지만 친구는 그 속에서 가족은 물론 누구와도 소통하지 않고 오랜 시간을 보냈다. 그 시간은 아주 오래 갔다. 중학교 다닐 때까지도 호전되지 않았던 것을 보면 그 아픔은 내가 상상하는 것 이상이었던 모양이다.

낮에도 빛이 들지 않는 정지방에서 봉창을 통해 들어오는 미미한 빛을 의지하며 시간을 보냈을 친구의 시간이 가슴속으로 스민다. 밖으로 뛰어나와 아프다고 했다면 좀 더 빨리 이겨낼 수 있지 않았을까. 힘들다고 도와달라고 외쳤다면 덜 아프지 않았을까. 하지만 외로이 자신만의 깊은 어둠 속으로 숨어 버린 친구의 아픔은 나에게 전달되지 않았다. 그저 왜 저럴까 하는 마음뿐이었다. 그리고 겨우 중학교를 졸업한 친구는 공장에 취업했다는 말만 전해졌다. 그 후 각자의 삶이 바쁘다 보니 같은 동네에 살면서도 연락도 없이 지냈다. 그래서일까 암울하기만 했던 상처를 딛고 세상 밖으로 나온 지금의 친구가 애잔하면서도 대견스러워 보였다.

친구가 좁고 어두운 정지방을 벗어나 희미하게 꺼져가던 빛을 놓지 않고 세상 밖으로 나왔음에 안도한다. 그리고 아픈 상처가 너덜거리는 어두운 정지방에서 말문을 닫은 채 멍한 눈으로 앉아 있던 그때의 친구가 아니어서 감사하다. 이제는 지난 시간을 뒤로 하고 친구의 어두웠던 기억마저 밝아지기를 바라본다. 그리고 그 옅어진 기억 속에 나의 작은 추억의 달빛을 얹어주고 싶다.

한국말을 전혀 못 하거나 조금 알아들을 수 있을 정도의 사람들로 구성이 되어있어 의사소통이 조금 힘들었다. 하지만 그들과 같이 매일매일 현장에서 일해서인지 다른 사람들보다 소통이 잘 되는 편이다. 아기들이 처음 말을 배울 때 남들은 못 알아들어도 엄마는 알아듣듯 나는 그렇게 엄마의 마음으로 그들과 소통을 한다. 손짓으로 몸짓으로 조금은 표정으로 그들과 교감하며 생활을 한다.

## 엄마는 공부 중

아버지가 돌아가신 뒤로 내가 꼭 하는 한 가지가 있다면 그것은 시어른과 친정엄마에게 매일 안부 전화를 드리는 것이다. 특별한 일이 없는 한 습관적인 일과가 되었다. 어른들도 처음에는 힘들다고 매일 전화를 하지 말라고 하시더니 이제는 하루만 건너뛰어도 무슨 일이 생겼는가 싶어 역으로 나에게 전화를 걸어온다. 그런 것을 보면 싫은 것이 아니라 속으로는 내심 기다리신다. 시작을 잘한 것 같다.

출근길에 엄마한테 전화를 걸었다. "엄마, 뭐 하세요?" "아, 숙제한다." 어제저녁에 해야 했었는데 회관에서 사람들과 화투 치고 놀다 와서 그만 숙제도 못 하고 잠들어버렸다는 것이다. 그렇다고 선생님께 혼나는 것도 아니건만 엄마는 어린 학생이 되어 있었다.

엄마는 한글을 배우고 계신다. 초등학교 3학년 과정을 다 배우지 못하고 공부를 중단했었기 때문에 어느 정도 읽는 것은 가능하나 여든 가까운 인생에 모든 글자가 손끝에서 사라져버렸다고 한다.

엄마는 초등 과정을 마치지 못한 것을 후회하며 자주 외할아버지를 언급하시곤 했다. "아버지가 그랬지. 니, 나중에 후회한다, 보래이" 라고, 엄마는 외할아버지 말씀을 따르지 않고 농땡이를 쳐서 배움이 짧다고 하시며 많이 속상해 하셨다.

엄마가 계신 합천군은 평생교육의 차원에서 동네마다 마을 사람들이 한글을 배울 수 있도록 지원을 해 주고 있다. 그래서 나이 드신 분들이 회관에 모여 한글을 배우고 있다. 농번기에는 빠지는 날이 잦아 연속적으로 공부를 하기가 좀 힘들지만, 농한기에는 회관에 모여 한글, 산수, 알파벳 등을 배우며 무료하고 허한 마음을 채워가고 있다. 학교 이름은 은빛 학당, 금빛도 아닌 은빛이라는 이름이 무겁지 않고 소박하다.

엄마도 처음에는 늦은 나이에 한글을 배우는 것을 두고 자식들에게 보이고 싶지 않았다. 창피하다고 느끼셨던 것 같다. 그래서 골방에다 책가방을 숨겨 놓고 자식들 눈에 띄지 않게 하셨다. 나는 그런 엄마의 모습을 보고 상처가 되지 않도록 조심스럽게 접근했다. 은근슬쩍 엄마가 연습한 글을 언급하며 대화의 물꼬를 트기 시작한 것이다. 창피한 것이 아니니 당당하게 드러내놓고 공부하시라고 응원도 해주었다. 그래서 지금은 골방에 감춰져 있던 은빛 학당 책가방이 엄마의 안방 침대 옆으로 오게 되었다.

　이제는 알파벳도 배우고 있다고 자랑하시는 엄마의 모습에서 오래전 어린 나를 앉혀 놓고 받아쓰기를 도와주시던 모습이 어렴풋이 스쳐 가면서 세월이 많이 흘렀다는 것을 실감하게 된다.

　여든 가까운 나이에 많이 배워서 무엇을 하겠는가? 하지만 배우는 즐거움으로 적적한 하루하루를 의미 있게 보낼 수 있다면 엄마의 시간에 있어서 소중한 나날이 될 수 있을 것이고, 외할아버지의 말씀을 따르지 않이 지책했던 순간들을 보상받는 계기가 되지 싶다.


'엄마, 모르는 것은 괜찮아요. 벌써 시작했잖아요. 늦으면 늦은 대로 그렇게 배워 나가면 되는 것이지 무엇이 문제가 되겠어요. 저는 엄마의 이런 모습이 자랑스럽답니다. 후회도 말고 자책도 말고 유장하지 않은 인생길 편하게 걸어가세요. 엄마가 자주 흥얼거리는 노랫말 있잖아요. 시곗바늘처럼 돌고 돌다가 가는 길을 멈춰 선 사람아, 그 사람이 엄마처럼 느껴져요.

지난번에 엄마가 써 놓은 글을 보면서 제가 띄어쓰기해야 한다고 글을 고쳐줬던 것 기억하시죠. 이제는 엄마의 삶도 띄어쓰기해 보세요. 중간중간 쉼표도 찍어가면서요. 그러면 읽기도 편안해지고 의미 파악도 잘 된답니다. 삶도 마찬가지 아닐까요?

내일은 해인사로 은빛 학당 학생들이 소풍하러 간다죠? 그러면서 내일은 전화하지 말라고 당부하셨잖아요. 그래서 내일은 소풍 잘 다녀오시라는 말을 남기며 전화하지 않을게요. 제가 먼저 매번 전화한다고 미안해하시지도 마시고요. 아마 해인사 단풍이 엄마처럼 곱게 물들어가고 있을 것 같습니다.'

우리가 자연의 순리를 거스를 수 없듯 현실에 충실하다 보면 좋을 것도 나쁠 것도 없는 삶으로 살아지는 것 같다. 살다 보면, 아니 살아가다 보니 내 삶의 주인공은 나임에도 불구하고 내가 의도한 대로 되는 것이 없었다. 그냥 살다 보니 새로운 곳에서 새로운 사람도 만나고 새로운 일도 하게 되는 것처럼 말이다.

## 로르릭, 잘 지내나요?

"로드릭, 가족들과 행복한 시간 보내고 있나요? 그리고 잘 지내지요?"

 십 년간의 한국 생활을 마치고 필리핀으로 돌아간 그에게 메시지를 보냈다. 떠난 지 한 달이 지났지만 바쁘다는 핑계로 연락도 못 하다가 잠시 쉬는 시간을 틈타 몇 자 적었다. 금방 답장이 올 것이라 예상은 하지 않았지만, 다음날 답장이 왔다. "예 누나, 저는 제 가족과 행복합니다. 거기에 당신은 어떻습니까? 저는 모두 당신을 그리워합니다." "여기서도 모두 로드릭을 많이 보고 싶어 하고 그리워해요. 항상 건강하고 가족들과 행복하세요." "고맙습니다." 조금은 어색하고 건조해 보이는 한글 문장으로 서로 메시지를 주고받았지만 많은 얘기가 오가는 것 못지않은 반가움이 잘 드러났으리라 여겼다.

로드릭은 필리핀 사람으로 한국에서 10년간 일을 했는데 더는 체류 연장이 되지 않아 한 달 전쯤 필리핀으로 떠났다. 키가 150cm가량 되는 왜소한 체격 조건을 가지고 있었지만 주어진 일에 대해서만은 누구보다 성실했다. 힘들고 궂은일 가리지 않았고, 그저 일할 수 있다는 것에 행복해했고 다부졌다. 한 번은 기계 조작 중에 뜨거운 물이 손에 튀어 화상을 입은 일이 있었다. 그 상황이라면 병원에 가서 화상 치료를 받고 일을 쉬어야 했다. 하지만 로드릭은 그러지 않았다. 회사에 출근하면서 잠깐씩 병원에 다녀오는 것이 전부였다. 손에는 붕대가 감겨 있어 장갑을 낄 수 없었지만, 붕대를 감은 손 그대로 금형을 손보고 기계 조작을 하고 했다. 옆에서 지켜보는 마음이 더 안쓰러웠지만 조심하라는 말뿐 더 이상의 말은 할 수가 없었다. 그는 하루라도 회사를 쉬면 그만큼 돈을 벌 수 없다는 생각에 아픈 몸을 추스를 여유를 가지지 못했다.

주어진 일에 대해서는 꾀부리지 않고 최선을 다하는 그였기에 회사에서는 어느 사원보다 그를 좋아했다. 한국 사람보다 더 한국인 같았던 그, 좀 더 한국에 남아서 일을 했으면 하는 바람에 체류 허가를 다시 받아 보려고 여러 번 회사 추천서까지 받아서 시도했지만 허락되지 않아 아쉬움을 뒤로하고 한국을 떠나야 했다. 돈을 많이 벌어서 필리핀으로 돌아가야 한다는 일념 하나로 버텼을 그의 젊은 날의 시간이 스친다. 그리고 아쉬움을 뒤로하고 떠나는 그의 발걸음에 실린 무게가 가벼워 보이지 않아 안쓰러웠다.

내가 로드릭을 처음 만난 것은 1년 전이다. 학생들 가르치는 것을 평생 업이라 생각하며 살아온 내가 회사에 취직하면서 인연이 되었다. 회사는 자동차 부품을 생산하는 중소업체로 한국 사람보다 외국인 근로자가 더 많은 곳이다.

한국말을 전혀 못 하거나 조금 알아들을 수 있을 정도의 사람들로 구성이 되어있어 의사소통이 조금 힘들었다. 하지만 그들과 같이 매일매일 현장에서 일해서인지 다른 사람들보다 소통이 잘 되는 편이다. 아기들이 처음 말을 배울 때 남들은 못 알아들어도 엄마는 알아듯듯 나는 그렇게 엄마의 마음으로 그들과 소통을 한다. 손짓으로 몸짓으로 조금은 표정으로 그들과 교감하며 생활을 한다.

그런데도 가끔은 한국 사람이 적은 현장이다 보니 그들이 아닌 나 자신이 정작 이방인이 아닐까 하는 생각을 하게 된다. 러시아, 카자흐스탄, 필리핀, 스리랑카, 베트남, 중국 등 국적도 다양한 사람들이 모인 곳이다 보니 그들끼리의 언어로 무리 짓고 있는 곳에서 몇 안 되는 한국인이 이방인처럼 느껴지는 것은 어쩔 수 없나 보다.

회사에서 나는 생산 현장 관리를 하고 있는데 아들 또래부터 로드릭처럼 동생 같은 젊은이들에게 누나, 언니, 이모 등 다양한 호칭으로 불린다. 그중에서도 로드릭은 누나, 누나 하며 잘 따랐기에 애착이 갔다. 어느 외국인 근로자보다 일도 잘했지만, 항상 미소를 머금고 있는 긍정적인 사람이라 보는 이로 하여금 다시 미소를 짓게 하는 힘이 있었다.

회사는 주·야간을 반복한다. 나는 주간에만 일하지만, 외국인 근로자들은 주·야간을 반복해서 일한다. 매일매일 쉼 없이 돌아가는 일상사가 힘들 텐데도 팝송을 흥얼거리며 일을 하는 로드릭은 인상 깊게 다가왔다. 가끔 음료수를 하나 사서 건네면 "누나 최고, 감사합니다."라고 좋아하던 그였기에 떠난 자리가 허전하다. 한국을 떠나기 전, 취업을 허락하는 또 다른 나라로 떠날 것이라고 했던 그의 말이 아직도 귓전에 맴돈다. 이제는 오랫동안 함께 하지 못한 가족들, 어린 시절을 같이 하지 못한 아이들의 아버지로 돌아갔으면 더할 나위 없이 좋으련만 가족들이 필리핀에서 좀 더 나은 삶을 살게 하기 위해서는 어쩔 수 없다는 그의 말에 안쓰러운 마음만 들 뿐이었다. 떠나기 얼마 전까지도 한국이 좋다고 말하던 그, 그에게 한국이 좋은 이미지로 남았다고 생각하니 고단한 삶 속에서도 그는 행복한 사람이었구나 싶었다.

그리고 한편으로는 한 가정의 가장에게 주어진 짐의 무게는 필리핀이라고 다름없다 싶었다. 그러나 살아있으면 견뎌질 것이다. 언젠가는 내가 그렇게 힘들어했을까 하는 날이 올 것이다. 그리고 자랑스러운 남편이요 아버지의 이름으로 기억될 것이다.

올여름은 어느 해보다 더위가 심했다. 숨이 막혀 어떻게 살지

싫었던 여름은 어느 순간 온데간데없어지고, 무심한 계절은 내가 언제 힘들게 했어 하며 시침 뚝 떼고 가을을 데려다 놓았다.

우리가 자연의 순리를 거스를 수 없듯 현실에 충실하다 보면 좋을 것도 나쁠 것도 없는 삶으로 살아지는 것 같다. 살다 보면, 아니 살아가다 보니 내 삶의 주인공은 나임에도 불구하고 내가 의도한 대로 되는 것이 없었다. 그냥 살다 보니 새로운 곳에서 새로운 사람도 만나고 새로운 일도 하게 되는 것처럼 말이다.

그리고 로드릭처럼 먼 이국땅에서 힘들게 일하면서도 미소를 잃지 않았던 그 천진난만한 모습이 떠올라 나를 다시 한번 돌아보게 된다.

멈출 것 같지 않게 강하게 내리쬐던 햇볕을 막아주고 더위를 식혀주던 가로수 잎들이 각양각색으로 물드나 싶었는데 벌써 힘을 잃고 내 발길을 막아선다. 가던 길을 멈추고 잠시 떨어진 낙엽과 마주해본다.

"올여름 많이 힘들었지, 이제 좀 모든 것을 내려놓고 쉬어"

미안함, 어쩔 수 없는 상황에서는 잘못을 인정하는 것은 결국 용기가 아니라 비난하는 자들의 입막음을 위한 술책이 아닐까 싶을 때도 있다. 하지만 잘못이 없음에도 내 마음 편하기 위해 상대에게 미안하다고 한마디 던지는 것은, 누가 뭐라 해도 비굴하거나 약해 보이지 않는다는 것이 나의 입장이다.

## 멀미와 균형감각

　어릴 때부터 선천적인 평형감각 이상인지 멀미를 심하게 앓았다. 일상생활은 문제가 없었지만, 차를 타고 이동을 해야 할 때는 많은 불편을 감수해야 했다. 본격적으로 멀미를 앓은 것은 고등학교를 타지에서 생활하면서였다. 주말이나 방학을 맞아 집에 올 때는 몇 시간 동안 차를 타야 했으니 순간순간이 나에게는 큰 고통이었다. 매번 어지럼증과 구토증에 시달리면서 기진맥진한 상태였다. 시골과 도시 생활이 교차하면서 몸과 마음이 적응하지 못해 더 심한 멀미를 하지 않았을까. 이제는 많이 좋아져 차를 운전해도 될 정도지만 장거리 버스를 타거나, 움직이는 차 안에서 책을 읽거나 스마트폰을 본다든지 하는 것은 여전히 나에게는 엄두가 나지 않는 일이다.

얼마 전 주말 저녁이었다. 약속이 있어서 마을버스를 탔다. 어디를 가든 익숙한 모습이지만 승객 대부분은 휴대폰에 몰두해 있었다. 버스가 짧은 거리를 움직여도 나에게는 약하게나마 멀미 증상이 나타나기 때문에 바깥 구경을 하거나, 타고 내리는 승객을 보면서 무료함을 달래곤 했다. 스쳐 지나가는 도시의 풍경은 볼 때마다 새롭게 다가왔다. 그곳을 지나는 사람들, 가로수, 어쩌면 들이마시고 내뱉는 공기까지 어제와는 다른 느낌이었다. 얼마를 갔을까? 약속 장소가 가까워진 어느 정거장에서의 일이었다. 버스가 승객을 태우기 위해 정차 했다. 내리는 사람은 없었고 아저씨 한 분이 차에 올랐다. 자세히 보려고 한 것은 아니었지만 문득 시선이 갔다. 잔뜩 찌푸린 모습이 심상치 않아 보였다. 이른 저녁 시간이었지만 음주를 한 것은 아닐까 싶기도 했다. 버스를 타고 이동하다 보면 가끔 접하는 일이었기에 무시하고 창밖으로 고개를 돌렸다. 그 순간 아주머니 한 분이 출발하려는 차를 두드리며 뛰어오고 있었다. 그냥 출발하겠지 했는데 배려심이 많은 기사인지 정차를 했다. 마음속으로 다행이구나 싶었다. 그런데 문제는 다른 데서 발생했다. 조금 전에 차에 올랐던 아저씨가 아직 자리에 앉지 못한 것이다.

내가 앉은 자리가 버스 뒷문 쪽이었는데 그 아저씨는 앞에 빈자리를 두고 구태여 뒷자리로 이동하고 있었던 모양이다. 몸이 불편해 보였기 때문에 앞에 앉았으면 했었다. 출발하려던 차가 미처 타지 못한 승객을 태우기 위해 다시 서는 바람에 그 충격으로 아저씨가 조금 휘청거렸다. 속도가 나지 않는 상황에서 차를 세웠기 때문에 별 무리가 가지는 않았을 것이었다. 그런데 불편한 심기를 감출 수 없었는지 의자를 잡고 앉으면서 기사를 향해 욕을 마구 하는 것이 아닌가. 기사가 들릴 정도였기 때문에 나는 조마조마한 기분으로 앉은 자리에 힘을 주었다. 별일 아니겠지 하면서도 왠지 승객과 기사의 싸움으로 번질 것 같은 예감이 들었기 때문이다. 아니나 다를까. 아주머니 승객을 태우고 다시 출발하려던 기사가 버스를 세우더니, 조금 전에 욕을 한 아저씨 앞으로 성큼성큼 다가오는 것이 아닌가. 큰일 났다. 싸움이 벌어지겠구나 하는 찰나였다.

버스 기사가 아저씨 앞으로 다가가더니 우려했던 것과는 달리 고개를 조아리며 "미안합니다. 괜찮으십니까? 미안합니다."

연거푸 사과를 하는 것이었다. 이제껏 보아왔던 기사들과는 다른 행동을 취하는 모습이 의아하면서도 대단해 보였다. 그 상황을 외면하려 했던 나와는 달리 당당히 대처하는 모습에 비쳐서 오히려 나 자신이 초라하게 느껴졌다. 순간 정차하고 있던 차 안이 아저씨와 기사만 있는 것처럼 정적이 감돌았다. 나는 물론이고 타고 있던 나머지 승객들도 만감이 교차하는 상황이 되고 말았다. 다만 이런 상황을 예견하지 못한 아저씨만이 기사를 향해 욕을 했던 것이 무안했던지 조금은 어리둥절하면서 뚱한 목소리로 "됐고 빨리 출발합시다."라고 재촉했다. 그래도 기사는 염려스러운 목소리로 몇 번 더 미안하다는 말을 하고는 운전석으로 돌아갔다.

짧은 시간 동안 일어난 일이었다. 순전히 승객 입장으로 생각해도 급정거를 한 게 아니기 때문에 아저씨의 부주의가 더 커 보였고, 차에 올랐을 때는 손잡이를 잡거나 서둘러 빈자리에 앉도록 해서 주의를 기울였어야 했다. 기사는 지나쳐갈 수도 있는 상황에서 한 명의 승객을 태우려고 했던 것이 또 다른 승객한테는 머리를 조아리며 사과까지 해야 하는 상황이 되어 버렸던 것이다. 직업적으로 이보다 더한 일들이 많이 있었겠지만 내가 본

상황에서 그 버스 기사는 용감해 보였다. 이번과 같은 상황에서 미안하다고 말을 해야 한다는 것은 무척 큰 용기가 필요했을 것이다. 나도 비슷한 경험이 있어서 그랬는지 더 공감이 갔다. 다시 생각해도 그 순간의 빠르고 정직한 대처에 버스 기사에게 박수를 보내고 싶다.

미안함, 어쩔 수 없는 상황에서는 잘못을 인정하는 것은 결국 용기가 아니라 비난하는 자들의 입막음을 위한 술책이 아닐까 싶을 때도 있다. 하지만 잘못이 없음에도 내 마음 편하기 위해 상대에게 미안하다고 한마디 던지는 것은, 누가 뭐라 해도 비굴하거나 약해 보이지 않는다는 것이 나의 입장이다.

살면서 부딪치는 모든 것이 복잡해지고 사람의 감정마저 무엇이 제대로 표현하는 것인지 혼란스러운 경우가 허다하다. 그래서일까 사람들을 만나면 사람 때문에 멀미가 난다는 말을 종종 듣는다. 멀미를 앓아보고 하는 말인지, 그냥 느낌으로 하는 말인지 알 수는 없다. 나에게 있어서 멀미는 경험해 보지 못한 사람은 느끼지 못할 독특한 고통이었기 때문에 가볍지 않다.

버스 기사는 불만을 터트리는 승객을 외면할 수도 있었고, 맞서 싸울 수도 있는 경우였지만 결국 '미안하다'라는 말 한마디를 던짐으로써 모든 사건을 해결해버렸다. 막무가내로 자기 입장만 내세우는 사람들을 보면 멀미가 날법한데, 내가 몸으로 느끼는 멀미는 순간 작은 것으로 느껴졌다. 그래서일까 몸은 평형감각을 잃고 힘들었지만 흐뭇한 광경을 보아서인지 맑아진 기분으로 버스에서 내려 약속 장소로 향했다.

올해 초 사라져가는 역사의 흔적을 남기고자 국립민속박물관에서 동해안 어업 관련 책이 출간되었는데 어머니도 역사의 한 페이지를 남기게 되었다. 몇 쪽 분량 정도지만 어머니의 해녀로서의 삶을 고스란히 담은 역사 기록물이었다. 사회 교과서에서나 보았고 앞으로도 그렇겠지만 사라져가는 해녀들의 모습이 고스란히 책 속에 담겨 있었다. 어머니께서는 대수롭지 않은 듯 얘기하셨지만 나름 뿌듯해하셨다. 삶의 현장에서 자신의 일을 묵묵히 해 오신 장인(匠人)의 모습이었다.

## 동해바다 잠녀(潛女)

동해안 7번 국도를 따라 강릉에서 울진으로 향하다 보면 남편의 고향이자 시부모님께서 살고 계시는 노실이라는 한적한 바닷가 마을이 있다. 그 국도는 동해안을 둘러볼 수 있는 유일한 길이기도 하지만, 누군가에게 한 번쯤은 추억의 한 컷으로 기억되는 곳일 수도 있다. 동해안 고속도로가 개통되면서 예전의 명성은 옛길이라는 이름으로 불러있지만, 도로의 한적한은 오히려 묻혔던 파도 소리를 마을 어귀까지 끌어올려 추억의 발길을 찾아들게 하고 있다.

거실 창문을 통해 일출을 볼 수 있고, 저녁이면 파도 소리를 자장가 삼아 잠이 들고, 이른 아침이면 갈매기 소리에 잠을 깨는 자연 그대로를 정원으로 삼은 아름다운 곳이다. 이방인이 보고 느끼는 것이 현실의 모습이라면 얼마나 낭만적일까 생각해 봤다.

그곳에는 시어머니께서 해녀로 살고 계신다. 고향이 제주도인 어머니는 처녀 때 해녀인 친구들을 따라 강원도로 놀러 가게 되었다. 사람의 왕래가 뜸한 강원도 바닷가에 제주 처녀들이 무더기로 들어왔으니 동네 젊은 청년들의 관심이 얼마나 쏠렸을까. 그중에서도 이목구비도 뚜렷하고 고운 어머니는 단연코 돋보였을 것 같았다. 그때 시아버지를 만나게 되었고 사랑이라는 이름의 유혹에 빠져 고향에 돌아가지도 못하고 강원도 사람이 되었다.

바다 건너 이국땅이나 다름없는 강원도의 삶을 시작하면서 어머니는 가족과도 만나기 힘들었고 결혼으로 인해 호적을 옮겨 오면서 담당 직원의 잘못으로 이름까지 본명과 다르게 실려 자신의 모든 것을 버린 것이나 다름없는 결혼생활을 해야 했다. 어머니는 어릴 때 제주 4·3사건으로 아버지를 여의었지만, 홀어머니 밑에서도 구김살 없이 형제들과 잘 살았었다고 한다. 하지만 고향을 떠나온 상황에서 강원도는 일가친척 하나 없는 고아나

마찬가지였을 것이다. 지금이야 쉽게 제주도를 오갈 수 있다지만 그 당시만 해도 친정 나들이는 생각조차 힘들었을 것이다. 동해바다를 넘어 마음만이 멀리 물길 따라 제주도로 갔을 것 같다. 고향을 얼마나 애타게 그렸을지는 생각만 해도 가슴이 먹먹하다.

  시아버지는 고등교육까지 받아 집안에서도 기대가 큰 한 가정의 장남으로 마을에서 유지였다. 그러기에 집안에서 학교 교육도 제대로 받지 못한 며느리를 맞는 것을 탐탁지 않아 했다. 쫓겨나듯 분가해 같은 마을 남의 집 문간방을 하나 얻어 신접살림을 시작했단다. 그때 비록 배운 것이 많았다고는 하나 제대로 직장을 잡지 못한 아버님을 대신하여 어머니는 옹색한 살림을 조금이라도 덜고자 눈앞에 보이는 바다를 터전으로 물질(해녀가 하는 일)을 시작했다. 많이 배우지는 못했어도 억척스러운 제주 여자들의 생활력을 지니고 있었기 때문이다. 처음에는 동해로 여행을 가는 예도 많지 않던 시절이라 해녀의 삶은 녹녹지 못했다. 차츰 경제가 나아지면서 여행객이 많아지고 해녀들이 채취한 산지 해산물을 맛보기 위해 강원도 동해를 찾는 사람들이 많아지면서 어머니의 삶도 노년을 걱정하지 않아도 될 정도의 여유를 갖게 되었다.

올해 초 사라져가는 역사의 흔적을 남기고자 국립민속박물관에서 동해안 어업 관련 책이 출간되었는데 어머니도 역사의 한 페이지를 남기게 되었다. 몇 쪽 분량 정도지만 어머니의 해녀로서의 삶을 고스란히 담은 역사 기록물이었다. 사회 교과서에서나 보았고 앞으로도 그렇겠지만 사라져가는 해녀들의 모습이 고스란히 책 속에 담겨 있었다. 어머니께서는 대수롭지 않은 듯 얘기하셨지만 나름 뿌듯해하셨다. 삶의 현장에서 자신의 일을 묵묵히 해 오신 장인의 모습이었다.

남겨진 기록으로 어머니의 배우지 못한 설움까지도 녹아내리게 했을 것 같아 내심 얼마나 기쁘셨을지 상상이 되었다. 부모님께서 지어주신 이름으로 기록되지는 않았지만 강원도의 삶으로 얻어진 이름, 그 이름으로 어머니는 제주 해녀가 아닌 강원도의 몇 안 남은 해녀로 기록되는 영광을 안은 것이다. 그것으로 만족스럽지는 못하겠지만 고향 떠나 남편 하나 믿고 가족을 위해

사 십여 년을 바다와 함께 한길을 걸어온 값진 선물은 되리라.

얼마 전 일본에서 자기 나라 해녀를 유네스코 세계무형유산에 등재하기 위해 심혈을 기울이고 있다는 뉴스를 접했다. 이미 우리나라가 먼저 시작은 해 놓았으나 일본의 끈질긴 근성을 알기에 걱정이 된다. 관련 기관에서 해녀 문화의 명맥을 이어가기 위해 뒤늦게나마 여러모로 노력을 기울이고 있다고는 하나 얼마나 오래 사람들의 관심을 받고 유지 될지 의문이다.

해녀는 세계에서 한국과 일본에만 유이(唯二)하게 존재한다. 그러나 한국의 해녀가 얼마나 힘들게 명맥을 유지해 왔고, 외국인들의 눈에 비친 해녀의 모습이 여전히 아름답게 평가되고 있다는 것을 안다면 한국 해녀의 위상을 세워줄 것이다. 앞으로 어느 쪽이 원조인지를 두고 치열한 공방전이 예상된다. 지금도 해녀들이 작업한 싱싱한 해산물이 산지 바다에

독일의 시인이자 극작가인 브레히트는 「나의 어머니」라는 시에서 "체중이 가벼운 그녀가 땅을 거의 누르지 않았다. 이처럼 가볍게 되기까지, 얼마나 많은 고통을 겪었을까!" 라는 경이와 회한의 표현을 남겼다.

어머니도 조그마한 몸을 물속에 내던지며 얼마나 고통스러웠을까 싶다. 한 번씩 숨을 쉬기 위해 물 밖으로 고개를 내밀어 '호오이'하며 숨비소리 한번 내지르고 다시 생사를 가로지르는 물속으로 몸을 내던져야 했던 그 고달픈 세월, 이제는 기록으로 보존된다고 하니 조금의 보상이 될까.

제주도에는 해녀를 두고 '저승 돈 벌어서 이승 자식 먹여 살린다. 숨비소리 한 번에 자식 기르고 두 번 내 쉴 때 부모 먹여 살린다' 는 말이 있다. 여전히 어머니는 자기 몸 움직여서 자식에게 손 벌리지 않고 살아가고 계신다. 이제는 생계를 위해서가 아니라 바다를 텃밭 삼아 조금이라도 자식에게 더 남겨 주고자 물질을 하신다. 두통약 없이는 바다에 들어갈 수도 없으면서 그 억척스러움을 놓지 못하고 여윈 몸을 이끌고 바다로 향한다.

"내가 죽고 나면 너그들 이런 거 먹을 수 있는 줄 아나?" 라고 하면 나는 "에이, 어머니도 돈만 주면 얼마든지 사 먹죠" 하고 웃어넘긴다.

멀리서 관망하고 있을 때는 바다가 정감 있고 멋진 모습으로 다가왔었다. 그러나 해녀인 시어머니의 삶을 접하면서 애잔함이 남아서인지 바닷물에 발 한번 담그기도 죄송스럽다. 아련하게 남아있는 숨비소리는 오래도록 어머니의 모습을 기억하는 부표가 될 것 같다.

3부

# 마당 있는 집

오죽을 집 안으로 들인 것은 내 욕심이었다. 대나무를 집안에 들이는 것을 금기시하는 어르신들의 말이 맞기도 하고 틀리기도 한 것처럼 말이다. 다만 좋고 나쁨이란 화를 부른다는 의미보다는 나무 한 그루를 심더라도 있어야 할 곳과 그렇지 못한 것을 가려서 하라는 가르침으로 받아들이고 싶다.

## 마당 있는 집

경기도 군포에서 지방 소도시인 창녕으로 이사하고 몇 개월이 지났다. 복잡한 도시의 삶이 몸에 배어서인지 아직은 시골 생활이 익숙해지지 않는다. 나는 이사를 계획하고 크게 걱정하지 않았다. 나름 시골에서 나고 자라 다른 사람들보다 잘 적응할 수 있을 것이라 여겼기 때문이다. 하지만 지나온 시간은 그것을 쉽게 허락하지 않는지 낯선 곳에서의 생활은 단조롭다 못해 나를 이방인으로 만들어버렸다.

나는 고향을 일찍 떠나 도시에서 생활하면서 자취방부터 시작해서 결혼 후에는 살림집까지 이사를 많이 했다. 많은 집을 옮겨

다니면서 언젠가는 마당이 넓은 집에서 살아야지 하는 마음이었다. 어쩌면 나처럼 마당이 있는 집을 동경하는 사람들이 제법 있지 않을까. 그래서 창녕으로 이사를 결정하고 선택을 해야 했다. 아파트에서 살 것인지 아니면 마당이 있는 주택에서 살 것인지 말이다. 창녕은 고향 집과 가깝기도 하지만 시골에서 나고 자란 추억 때문인지 땅을 밟으며 살고 싶었다. 그래서 조금은 한적하고 조용한 시골 마을에 주택을 마련했다.

이사 온 집에는 제법 넓은 마당이 있다. 마당은 계절의 변화를 눈으로 느끼게 해 준다. 마당 곳곳은 쉼 없이 움직이는 생명의 집합소 같다.

돌아보면 나는 시골에서 살았던 시간보다 도시에서 산 시간이 더 길었다. 그런데도 나에게는 어릴 적 시골 생활이 깊이 스며있었던 탓인지, 내 몸은 그때를 여전히 기억하고 있었다. 가끔은 내가 살아가면서 무엇을 얼마나 습득하며 살고 있는가? 하는 의문이 든다. 내가 애써 알고자 노력하지 않아도 몸이 기억하고 움직일 때가 있으니 말이다. 시골에 내려와서 살다 보니 부모님으로

부터 알게 모르게 습득한, 몸으로 기억하는 것이 많아 새삼 놀랄 때가 있다. 그래서 뭔가를 얻고자 한다면 몸이 반응할 수 있도록 서서히 스며드는 삶을 살아가야 할 것 같다는 생각을 잠시 해 보았다.

거실에 앉아 마당을 둘러본다. 어릴 적 고향 집 마당이 스친다. 먹고사는 것이 우선이었던 그 시절, 우리 집 마당은 가축을 기르고 먹을 것을 재배하는 장소였다. 마당은 조금의 여유와 틈도 허락하지 않았다. 그저 먹고살기 위한 하나의 공간일 뿐이었다. 하지만 그 속에서도 추억은 자라고 있었다. 기억 저편에서 그려지는 것들, 마당은 내 어릴 적 이야기가 있는 곳이다. 가축을 기르고 수확한 곡식을 정리하는 곳으로, 아름답거나 즐거울 것 같지 않았던 그 공간이 지금은 아련하게 기억된다. 내가 살아가는 데 필요한 소소한 것들을 습득한 장소, 그 마당을 지금의 마당에 다시 한번 재현해 보려 하지만 그때로 돌아가기에는 많이 부족해 보인다. 어쩌면 지금의 마당이 더 아름답고 여유로운 공간이건만 예전의 부모님과 함께했던 자리는 다시 채워지지 않을 것 같다. 그리고 지금 이곳이 예전의 고향 집 마당처럼 기억하고 싶은 이야기가 있는 장소가 되기 위해서는 시간과 노력이 많이 뒷받침되어야 할 것이다.

　마당 가장자리에는 다양한 나무들이 심겨 있다. 어릴 적 고향 집 마당 가장자리에는 땔감이 울타리를 이루고 있었다. 친정어머니는 외지에 나가 일하시는 아버지를 대신해 혼자서 머리에 땔감을 이고 날랐다. 그곳에는 겨우내 사용할 땔감을 준비하느라 고달픈 몸을 움직였을 어머니가 있었다. 얼마나 고달팠을까? 어머니는 힘든 내색을 하기보다는 생계를 핑계 삼아 마당에 나무나 화초를 심지 못하게 하셨다. 소금이라도 생계에 도움이 되는 것을 재배하기 위함이었을 것이다. 집안에 나무나 화초가 자라는 것을 좋아했던 나는 어쩔 수 없이 집 밖 길가에 꽃을 심고 가꾸었다. 그 당시에는 어머니가 정원을 가꾸는 것을 싫어하는 줄만 알았지 먹고 사는 것에 치중할 수밖에 없어서 그랬다는 것을 알 수가 없었다. 하지만 지금은 땔감으로 가득했던 울타리에 어머니도 나무를 심고 화초를 키우고 계신다. 특히 상사화를 좋아하시는데 상사화가 필 때는 너무도 행복해하신다.

　상사화는 화려하지는 않지만 이끌림이 있는 어머니를 많이 닮은 듯하다. 마당가에 서면 문득 싫어서가 아니라 좋아하는 것도 표현하지 못한 그때의 어머니가 보인다. 이제는 굽어진 허리로 지나간 시간을 붙잡지는 못하지만, 조금이나마 좋아하는 것을 표현하면서 살아가고 계신다.

　친정어머니는 여전히 당신의 마당을 텃밭 삼아 농사를 짓는다. 그리고 나는 나의 마당을 가꾸어 나간다.
　여름내 메말랐던 마당에 비가 많이 내리면서 물이 스며든다. 적은 양의 물로는 땅을 적실 수 없는지 생각보다 많은 양을 머금는다. 머금은 물은 땅속 생명의 싹을 틔운다. 어떤 소리도 들리지 않는다. 땅은 고요하기만 하다. 하지만 그 무엇보다 분주해 보인다. 쉼 없이 땅을 뚫고 올라오는 생명이 그것을 증명해 보인다. 감탄사가 절로 나온다. 어떤 주저함도 없이 고개를 내미는 새싹들, 그것들은 망설임이 없다. 시기가 빠르면 빠른 대로 늦으면 늦은 대로 싹을 틔우고 꽃을 피우는 것을 보고 있노라면, 아직도 이곳 생활에 적응을 못 하고 있는 내 궁색함을 탓해 본다. 그리고 어디가 고향인지도 모를 씨앗들이 나의 마당에 싹을 틔우고 자라는 것을 보며 나 역시 이곳의 낯섦을 이겨나가야겠고 다짐해 본다.

아직은 이곳 생활이 낯설다. 그렇지만 지금 내가 있는 이 자리에도 새로운 이야기가 자라고 있음을 느낀다.

## 오죽하면

마당 한쪽에 든든하게 자리 잡고 있던 오죽(烏竹)이 애물단지가 되어 속상하다. 동네 어르신들이 우리 집에 오시면 항상 얘기하셨다. 집에 대나무가 있으면 좋지 않으니 뽑아버리라고 말이다. 그런데도 나는 내가 좋으면 되지 무슨 상관이냐며 흘려듣곤 했다. 반짝반짝 윤기가 나는 마디마디도 보기 좋고, 길게 뻗은 오죽이 바람에 흔들리며 내는 소리를 듣고 있는 것도 하나의 낙이었다. 하지만 이제 오죽을 걷어내야 했다.

대문을 들어서면 양옆으로 오죽이 있었다. 오른쪽에 있는 오죽은 조릿대처럼 늘어져 있어 오죽이라는 느낌보다 나름 앙증

맞게 자라고 있어 문제가 되지 않는다. 그런데 왼쪽에 있는 오죽은 자기가 자리 잡은 곳이 집 안이라는 것을 인지하지 못했나 보다. 오죽이 내 마음을 알고 여기까지만 뿌리를 내려야지 할 리는 없는데도 내 마음을 몰라준 오죽이 원망스러웠다. 오죽은 오죽대로 자신의 영역을 넓혀가고 있었던 것뿐이었는데 말이다. 보이는 것이 전부가 아니었다는 것을 알고 호들갑을 떨고 있는 나 자신이 한심스러웠다.

마당이 좁은 편은 아니지만 다양한 나무들이 있어서 해가 갈수록 울창한 숲으로 변해갔다. 그렇다고 어느 것도 버리고 싶은 것은 없다. 다만 늦가을이 되면 쌓여가는 낙엽을 긁어모으는 수고로움이 있을 뿐이다. 하지만 오죽은 나에게 그런 수고로움도 주지 않았다. 그런데 어느 순간 온 집안을 난장판으로 만드는 말썽꾸러기가 되었다.

오죽이 있는 옆으로 넓지 않은 바깥채가 있다. 어느 날 그 벽 틈으로 죽순이 뻗어 나오는 것을 시작으로, 땅속에서도 쭉쭉 뻗어 나가는 움직임이 땅 위로도 감지가 되었다. 죽순이 눈 깜짝할 사이에 여기저기서 솟구쳐 올랐다. 거짓말처럼 들릴지 모르겠지만 죽순 자라는 소리가 들릴 정도로 여기저기서 죽순이 발견되었다. 두더지 잡기 게임에서 망치로 치고 나면 여기저기서 걷잡을 수 없이 두더지가 튀어나오는 것처럼 죽순이 솟구치고 있었다. 시간이 갈수록 상황은 더 심각해졌다.

 오죽이 한순간에 애물단지로 전락하고 말았다. 다른 나무들처럼 조용히 있을 수만은 없었는가 말이다. '나, 이 정도야'라고 시위를 하는 것처럼, 지나가는 자리마다 죽순을 내밀었다. 오죽하면 나 스스로 좋아하던 오죽을 없애기로 마음먹었겠는가? 그렇다고 이런 내 마음을 오죽이 알 리가 없었다. 급기야 이러다가는 온 집안이 오죽으로 뒤덮일 것 같았다.

 매일 출근길에 마주치는 죽순은 눈 깜짝할 사이에 자라고 있었다. 감당이 되지 않았다. 쉬는 날이면 오죽 주위의 마당을 파헤치고 뻗어 나가는 뿌리를 자르기를 반복했다. 잔디를 걷어 올리고 땅속을 들여다보면 앙상한 손가락을 닮은 오죽 뿌리가 어찌 그리 겉모습하고 똑같이 생겼는지 놀라웠다. 다만 검고 윤기 나는 겉모습과 달리 누런 이빨과 같은 색깔을 하고 있어 조금은 그 힘에 눌려 거부감이 느껴지기도 했다. 다른 나무들처럼 뿌리에 겉껍질이라도 쌓여있었더라면 조금 나을 법도 하련만 나무의 속살 그대로 땅속에서 뻗어 나가는 뿌리를 보니 땅 위로 쉼 없이 죽순을 내미는 오죽의 힘이 느껴졌다. 하지만 집 안의 안정을 위해 나는 그 힘을 눌러야 했다.

  좋아한다고 모두 곁에 둘 수만은 없었다. 멀리서 바라보는 것만으로 만족할 줄도 알아야 하는데 가까이 두려고 한 욕심에서 사태를 키웠나 보다. 아쉬운 마음을 뒤로하고 밑동을 모두 잘랐다. 잘린 오죽 마디마디에는 제초제를 뿌렸다. 땅속에 있는 오죽 뿌리가 약 기운을 느끼고 세력을 멈추기까지는 제법 시간이 걸릴 것이다. 몸통이 잘렸다고 금방 힘을 잃을 뿌리의 기세는 아니었으니까. 속상한 마음과 아쉬움만 남았다.

  오죽을 집 안으로 들인 것은 내 욕심이었다. 대나무를 집안에 들이는 것을 금기시하는 어르신들의 말이 맞기도 하고 틀리기도 한 것처럼 말이다. 다만 좋고 나쁨이란 화를 부른다는 의미보다는 나무 한 그루를 심더라도 있어야 할 곳과 그렇지 못한 것을 가려서 하라는 가르침으로 받아들이고 싶다.

내가 아무리 좋아하는 것이지만 오죽이 내 마음을 알 턱이 없지 않은가. 좁은 화분 속이 답답하여 힘껏 뻗어 나간 것이 문제라면 문제였지.

오죽은 서서히 죽어가고 있다. 하지만 여전히 뿌리는 이 상황을 받아들이지 못하고 안간힘을 쓰고 있는 것 같다. 봄날에 오뚝하게 솟구쳐 오르던 죽순의 위엄은 온데간데없고 콩나물시루에 콩나물이 소복이 자라는 것처럼 힘을 잃은 죽순들이 늦가을을 지나고 있다.

도시가 아닌 자연 속에서 살다 보니 자연에서 살아가는 새들이 나의 공간에 자연스럽게 스며드는 것을 느낄 수 있다. 어느 쪽에서 경계를 넘어선 것인지 따져 물을 수 없는 노릇이지만 박새 가족이 해마다 나를 찾아오는 것이 싫지만은 않다.

## 박새와 더불어 살기

 이른 아침부터 재잘거리던 녀석들이 둥지를 떠나고 나니 집이 고요하다. 한동안 시끄럽게 울어 마음이 쓰였는데 싫은 것만 있었던 것은 아니었는지 허전하다. 문득문득 하늘을 올려다보며 뭔가를 찾고 있는 내 모습을 발견한다. 무심결이시만 둥지를 떠난 새끼 박새들을 찾게 되는 것 같다.

 해마다 봄이면 박새 한 쌍이 정원에 둥지를 튼다. 알을 낳을 장소로 우리 집이 적합한지 해를 거르지 않고 정원 여기저기 장소를 옮겨가며 둥지를 짓는다. 그래도 눈치는 있는지 내 눈을 의식하며 몰래몰래 짓지만 나는 그들의 둥지를 금방 찾아낸다.

결국, 나에게는 걱정 반, 호기심 반으로 그들을 훔쳐보는 버릇이 생겼다. 남의 집에 허락도 없이 들어와 자리를 잡은 박새 가족이지만 어느 순간 기다려지고 혹시나 천적에게 변을 당하지는 않았나 하는 염려스러운 마음에 알을 낳아 그 알이 둥지를 벗어날 때까지 매일매일 감시 아닌 감시를 한다.

작년에는 앵두나무에 둥지를 틀어 새끼들을 분가시켰는데 올해는 왠지 둥지는 보이지 않고, 어느 날부터 새 소리만 요란하게 늘리기 시작했다. 나는 호기심에 그 소리를 쫓아가 보았다. 소리가 나는 곳은 아이비 넝쿨이 울창하게 자리하고 있는 담벼락쯤이었다.

새들은 사람의 움직이는 소리에 경계를 많이 하는 것 같았다. 그래서 살금살금 다가가 귀를 기울여보았다. 벌써 알에서 부화했는지 새끼들이 먹이를 달라고 채근하는 소리였다. 아니나 다를까 박새 한 쌍이 연신 먹이를 물고 여기저기 날아올랐다 앉기를 반복하고 있는 것이 아닌가. 나를 경계하는 것이 틀림없었다. 새끼들은 부모가 위험 신호를 보내고 있다는 마음도 모르고 연신 먹이를 달라 채근하며 조잘대고 있었다. 노심초사하는 부모의 마음 그대로였다.

몇 년 동안 그들을 보아온 경험치랄까 대여섯 마리의 새끼가 있을 것으로 예상을 할 수 있었다. 그 새끼들 입에 하나씩 넣어 주려면 얼마나 부지런히 먹이를 물어다 날라야 할지 짐작이 갔다. 내가 박새 부부를 염려하고 있는 그 순간에도 쉼 없이 먹이를 물어다 나르는 행위는 반복되고 있었다.

박새 알이 부화해서 날아가는 데 한 이십일 정도 걸린다고 하는데 그 짧은 기간 동안 먹이고, 재우고, 천적으로부터 살아남는 법을 가르쳐서 보내려면 쉴 틈이 없을 것 같았다. 그런 생각으로 박새를 보면 사람과 별다를 것 없이 무한 애정을 쏟아붓는 부모의 마음이 느껴져서 짠하기도 하고 경이롭기도 했다.

박새는 먹이를 물어 나르다 가끔 나와 눈이 마주칠 때가 있는데 위험에 노출되었다고 생각하는지 행동 하나하나가 어찌할 줄을 몰라라 한다. 그러면 나는 괜스레 미안한 마음이 들어 몸을 숨겨 보기도 하지만 한편으로는 즐기고 있는 내 모습을 발견하곤 한다.

한 번은 먹이를 받아먹기 위해 재잘거리고 있는 새끼들이 궁금해서 담장에 귀를 대고 있다가 그만 담장에 세워져 있던 대나무 장대를 넘어뜨리고 말았다. 그런데 그 순간 놀랍게도 새끼들의 소리가 '뚝' 하고 멈추었다. 나는 잘못을 저지른 사람처럼 얼음이 되었다. 조그만 새끼들이 뭘 알까 싶었는데 위험 신호에 반응하는 그 자체가 신기했다. 위험한 상황이 되면 '쉿' 하라고 부모한테 교육을 단단히 받은 모양이었다. 경이로웠다. 감탄도 잠시 여린 새끼들에게 두려움을 안겨주면 안 되지 싶어 한참을 조용히 있었다. 그리고 나서야 다시 새끼들의 재잘거리는 소리가 반복되었다. 아무 생각이 없을 것으로 여겼던 내 생각이 틀렸구나 싶었다. 위험한 순간에 여러 마리의 새끼늘이 농시에 울음을 '뚝' 하고 멈추었다는 것이 신기하기도 하고 귀여운 생각에 사로잡혀 한참을 움직이지 못하고 소리 없이 웃었다.

도시가 아닌 자연 속에서 살다 보니 자연에서 살아가는 새들이 나의 공간에 자연스럽게 스며드는 것을 느낄 수 있다. 어느 쪽에서 경계를 넘어선 것인지 따져 물을 수 없는 노릇이지만 박새 가족이 해마다 나를 찾아오는 것이 싫지만은 않다.

요즘 시골은 고령화가 심해지다 보니 마을에 아이들 웃음소리와 울음소리를 찾기 쉽지 않다. 내가 사는 이곳도 예외일 수 없다. 하지만 박새 가족이 해마다 우리 집을 찾아 알을 낳고 키우는 것을 반복하는 것으로 마음의 위안도 받는다. 보잘것없이 작은 미물에 지나지 않으나 내가 사는 모습과 별반 다를 것이 없구나 싶었다.

　오늘은 새끼들에게 먹이 하나라도 더 물어다 주고픈 부모의 마음을 담아 분주히 왔다 갔다 하던 박새 부부가 더 떠오른다. 이른 아침부터 자신들의 배는 채웠으랴 싶을 정도로 바쁘게 날던 모습이며, 주인 허락 없이 집을 짓고 사는 것이 미안한 듯 안절부절못하던 모습은 자꾸만 그들을 생각나게 하는 것 같다. 이것이 사랑이려나.

　살아있는 것은 모두 각자의 자리에서 역할을 다하고 있는 것 같다. 사람이나 짐승이나 우열을 가릴 것 없이 말이다. 각자 생긴 대로 살아있으니 살아가는 것이다.

두 가족이 함께 살다 보니 안채와 사랑채를 잇는 빨랫줄에는 옷가지들이 매일 물구나무를 섰다. 빨래의 무게를 지탱하기 위해 두꺼운 대나무로 만든 바지랑대 두 개가 늘 늘어진 빨랫줄을 받치고 있었다. 내 눈에 보이는 바지랑대는 바람에 펄럭이는 빨래를 받치는 기둥이었을지 몰라도 지친 몸을 이끌고 사랑채로 들어서던 허 씨 아저씨 앞에 놓인 바지랑대는 어떤 모습으로 다가왔을까? 자신의 꿈을 높이 치켜세워줄 구원 투수로 보였을까 아니면 자신처럼 힘겹게 가족을 책임지고 있는 무게감으로 다가왔을까? 언제나처럼 빨랫줄에 매달려 수분을 흩날리며 휘날리던 옷가지들이 소설가의 꿈을 향힌 이지씨의 미음은 아니었을까.

## 허 씨 아저씨

　가을 햇볕이 맑고 포근한 휴일이다. 아침부터 부지런히 정원에 흩어져있는 낙엽도 쓸고 나름 바쁜 시간을 보냈다. 밀린 빨래는 세탁해서 햇볕이 잘 드는 곳에 빨래 건조대를 세우고 늘어놓았다. 금세 물기가 사라지는 것 같다. 정원 구석구석이 가을 속으로 스며들면서 수채화 물감을 칠해놓은 듯 맑고 투명하다. 수돗가 옆 화살나무 잎은 진한 다홍색을, 가을에 더 예쁜 꽃을 피우는 장미는 더 붉고, 더 노랗고, 더 강한 분홍색이다. 올여름 끝나지 않을 것 같던 긴 장마에 모든 것이 묽게 변했을 것 같았는데 예상외로 자연은 강렬한 자신들만의 색을 숨김없이 드러냈다.

따뜻한 햇볕을 온몸으로 느끼며 빨래가 말라가고 있는 건조대를 바라보고 있으니 아련하게 한 폭의 풍경이 스치고 지나간다.

1980년대 초중반쯤이었으리라. 한창 마을 신작로 공사가 시작되고 우리 집에 허 씨 아저씨 가족이 이사를 왔다. 그 당시 농촌 마을의 특성상 다른 지역 사람들이 유입되는 것이 흔한 일이 아니었던 때라 허 씨 아저씨 가족과의 동거는 단조롭기만 했을 내 유년의 추억이 새롭게 단장 되는 계기가 되었다.

허 씨 아저씨네는 우리 집 사랑채에 자리를 잡았다. 대부분의 공사 현장 사람들은 혼자 일을 하러 왔는데 허 씨 아저씨는 예외로 아내와 삼 남매를 데리고 가족이 모두 이사를 왔다. 아저씨 고향은 강원도 횡성 어느 두메산골이라고 했다. 말투가 강원도 사투리를 많이 쓰는 것을 보면 강원도 산골 사람 같았다. 가정형편이 어려웠던 두 사람은 사랑 하나만 믿고 결혼식도 올리지 않고 살림을 차렸다고 했다. 지금에 와서 생각해 보면 그 당시 허 씨 아저씨의 나이가 이십 대 후반쯤이었던 것 같은데 어린 나이에 한 가정의 가장이 되었구나 싶다. 어린 아내도 사랑하는 남편 하나만 믿고 낯선 곳으로 아이들을 데리고 온다는 것은 쉽지만은 않았으리라. 그렇게 우리 가족은 허 씨 아저씨 가족과 한 지붕 두 가족이 아닌 한 마당 두 가족으로 몇 년을 같이 살았다.

아주머니는 생활력이 강하지 못했다. 남편이 벌어다 준 돈을 허투루 쓰는 것이 다반사였다. 남편이 건설 현장에서 힘들게 번 돈이라는 것을 모를 리 없으련만 아주머니의 소비 형태는 어린 내 눈에 비친 모습으로도 정도가 지나쳐 보였다. 그런데도 허 씨 아저씨는 언제나처럼 웃음을 잃지 않았다. 하지만 그런 사정을 보고만 있을 수 없었던 아버지가 언젠가부터 허 씨 아저씨 월급을 관리하기 시작했다. 그래도 허 씨 아저씨가 월급 관리를 아버지에게 전적으로 맡긴다는 것은 결코 쉬운 판단이 아니었을 것이다. 서로에 대한 무한한 신뢰가 없이는 말이다. 그렇게 아저씨네는 아버지의 도움으로 형편이 나아졌고, 나 또한 그들과 스스럼없이 이웃하며 짧은 유년기를 같이 했다.

어려서 가능했을 것이다. 좁은 집도 좁게 느껴지지 않았고 많은 것을 가지지는 않았지만 서로 도와가며 서로를 의지했던 그때 그 시절이 내 머릿속의 하얀 도화지 위에 다소곳이 내려앉는다. 그리고 마냥 밝기만 했던 허 씨 아저씨의 미소가 잔잔하게 덧칠된다.

　허 씨 아저씨를 생각하면 특별한 것이 하나 더 있다. 아저씨는 소설을 습작하는 사람이었다. 어느 날 허 씨 아저씨가 원고지 한 묶음을 가지고 와서 나에게 한번 읽어봐 달라고 부탁을 했다. 그 당시만 해도 학교에 다니고 있다는 것은 한글을 안다는 것이었기 때문에 어린 나에게 자기 작품을 읽어봐 달라고 했을 것이다. 건설 현장에서 일하는 직업의 특성을 고려해보면 일이 있는 곳 어디든 셋방살이를 면하지 못했을 것이다. 그러나 소설가의 꿈을 향한 마음은 허 씨 아저씨를 지탱하는 힘이었지 싶다. 자신의 처지를 탈출할 수 있는 돌파구, 그가 써 내려간 소설 속에는 어떤 이들이 등장했는지 나는 기억하지 못한다. 다만 아무것도 모르는 나에게 한글을 안다는 것밖에 그 어떤 도움도 받지 못할 것을 알면서도 자신이 쓴 소설을 뭉치를 내밀던 아저씨의 마음이 스친다. 아저씨는 어떤 삶을 지향하는 사람이었을까? 그리고 항상 긍정적인 마음을 유지할 수 있었던 힘의 원천은 어디였을까? 잠깐이지만 지난날의 허 씨 아저씨 마음속을 그려본다.

문득 그 소설 속 이야기가 궁금해지는 날이다.

두 가족이 함께 살다 보니 안채와 사랑채를 잇는 빨랫줄에는 옷가지들이 매일 물구나무를 섰다. 빨래의 무게를 지탱하기 위해 두꺼운 대나무로 만든 바지랑대 두 개가 늘 늘어진 빨랫줄을 받치고 있었다. 내 눈에 보이는 바지랑대는 바람에 펄럭이는 빨래를 받치는 기둥이었을지 몰라도 지친 몸을 이끌고 사랑채로 들어서던 허 씨 아저씨 앞에 놓인 바지랑대는 어떤 시선으로 다가왔을까? 자신의 꿈을 높이 치켜세워줄 구원 투수로 보였을까 아니면 자신처럼 힘겹게 가족을 책임지고 있는 무게감으로 다가왔을까? 언제나처럼 빨랫줄에 매달려 수분을 흩날리며 휘날리던 옷가지들이 소설가의 꿈을 향한 아저씨의 마음은 아니었을까.

오늘따라 가을 햇볕이 더 따스하다. 풍족하지 않던 나의 유년 시절이 잘 마른빨래처럼 뽀송뽀송하게 다가오는 날이다. 그리고 집 안 곳곳이 한 폭의 수채화처럼 가을을 흩뿌리고 있다.

허 씨 아저씨는 아직도 소설을 쓰고 있으려나.

## 일요일의 침입자

　바쁜 일상에서 벗어나 조금은 여유를 가져볼 수 있는 하루가 있다면 나에겐 그래도 일요일이다. 회사에 다니면서 이른 출근과 늦은 퇴근을 반복하다 보니 하루만이라도 나를 가만히 내버려 둘 수 있는 시간이 절실히 필요하다. 그래서 더없이 일요일이 오기만을 기다리게 된다. 학창 시절 주말이나 방학을 고대했듯 어른이 되어도 달라질 것은 없나 보다. 그런데 이번 주는 예기치 못한 복병을 만나고 말았다.
　며칠 전 퇴근을 하고 집에 왔는데 현관 앞 상황이 난장판이 되어있었다. 이사 온 이후로 한 번도 경험해 보지 못한 상황이라

당황스러웠다. 다름이 아니라 새 배설물로 현관문과 그 주변이 엉망이 되었기 때문이다.

　주택에서 살다 보니 다양한 새들이 우리 집 정원에서 동거 아닌 동거를 하고 있다. 사실 집은 내 집이지만 땅 위 공간까지 소유권을 행사할 수는 없는 노릇이니 서로 개의치 않고 각자의 삶을 살아가고 있다고 봐야 할 것이다. 아침이면 무리를 지어 날아다니며 먹이 사냥을 하거나 무슨 이유인지는 모르나 나무와 나무 사이를 옮겨 다니며 분주히 움직이는 모습을 볼 수 있다. 집주인인 나보다 더 활기 있게 자기네 집처럼 활보하고 있다. 그래서 우리 부부가 출근하고 나면 집은 새들의 놀이터가 되어버린다. 그렇지만 서로 어울려서 별 무리 없이 살아갈 때는 모르겠지만 이번처럼 이렇게 내 개인 영역까지 침범해서 피해를 주는 것은 아니지 않나?

　나는 오늘 오전 내내 그 침입자와 대치하다 이제야 하소연이라도 해야 할 것 같아 글을 쓰고 있다. 그리고 보니 침입자의 신상을 공개해야 할 것 같다. 어떤 이유로 이런 상황을 만들었을까 확인하면서 날아오는 새와 대치하는 과정을 반복하다 보니 새의 생김새를 가까이서 볼 수 있었다. 겉모습으로 이름을 검색

하기는 쉽지 않은 일이지만, 생김새를 관찰하고 검색 과정을 거친 결과 수컷 딱새라는 확신이 들었다.

딱새는 참새처럼 생겼고 색깔이 황갈색으로 주황빛이 많이 나는데 날개에 흰색 점이 크면 수컷, 작으면 암컷이다. 그래서 문제의 딱새는 수컷인 것 같았다. 그리고 남편한테 들은 바로는 얼마 전까지 짝을 지어 다녔는데 며칠째 혼자 날아다니는 것 같았다는 것이다. 그러고 보니 오늘도 계속 혼자였다. 그렇다면 우연히 현관문 쪽으로 왔다가 유리에 비친 자기 모습을 보고 자기 짝이 집 안에 있다고 착각을 했을 수도 있었겠구나 싶었다. 짝을 잃은 딱새라는 생각이 들고 보니 조금 전까지 화가 나서 분주히 움직였던 내 모습이 미안해지기 시작했다. 하지만 무슨 이유로 짝과 헤어졌는지는 모르나 허한 마음을 빨리 정리하고 나와의 대치를 멈춰주기만 하면 되는 것이다.

내가 지켜보고 있음에도 불구하고 딱새는 날개를 가진 것을 자랑이라도 하듯 요리조리 피해 다니며 현관문을 쪼아대면서 배설물을 흘리고 가는 과정을 반복했다. 나는 새를 이길 수는 없고, 그렇다고 계속 쫓는 과정을 반복하는 것도 의미가 없어 나는 나의 방법대로 가기로 하고 현관문 유리를 불투명한 것으로 막아버렸다. 이런 상황이 어떻게 시작되었는지는 모르나 현관 유리에 비친 딱새의 모습이 원인이 되었던 것 같아 혹시나 하는 마음에 원인을 차단해본 것이다. 그리고 한참 후 밖으로 나가 보니 딱새가 현관문으로 날아드는 횟수는 줄어들었고, 집 위 전깃줄 위에 앉아 소리 내어 울고 있는 모습이 보였다. 어느 정도 시간이 지나자 완전하지는 않았지만, 배설물이 쌓이는 정도가 약해지기 시작했다. 다행이었다. 해결의 실마리를 찾지 못했다면 여전히 나와 눈치 싸움을 하면서 현관문을 쪼아댔을 텐데 말이다.

오늘은 나와의 싸움에서 물러난 것 같으나 상황을 지켜보아야 할 것 같다. 정말로 짝을 잃고 헤매다 이런 상황이 벌어진 것일까? 하지만 저 딱새의 사정은 알 길이 없고, 내 추측이 맞는다면 빨리 짝을 잃은 슬픔에서 벗어나길 바랄 뿐이다.

며칠 딱새와 나의 거리가 가까운 듯 먼 듯, 불편한 관계를 이어가며 서로를 응시했지만 그리고 나의 소중한 일요일 하루가 지나가지만 그래도 침입자와의 인연이 나의 하루를 조금 채워주는 느낌이 든다.

나의 일요일이 다 지나간다.

아들은 필체가 예쁘지 않다. 그래서 나한테 악필이라고 핀잔을 자주 듣곤 했었다. 하지만 편지지에 쓰인 내용은 아주 정갈하고 간결한 글씨로 쓰인 한 문장이었다. "706 특공연대 갑니다." 그 밖에 아무런 내용이 없었다. 하물며 인사도 서두도 없었다. 이것이 군대 간 아들의 첫 편지라니 믿어지지 않았다.

## 아들의 첫 편지

어제오늘 가을바람이 차다. 싸늘해진 날씨에 바람까지 강하게 불어 마당 전체에 낙엽이 마구 뒹군다. 나는 단풍을 구경할 여유도 없이 연신 고개 숙여 빗자루로 낙엽을 쓴다. 그러다 문득 그런 내 모습이 한심해서 고개 들어 주위를 둘러본 다음, '씩' 한번 웃고는 또다시 비질을 멈추지 않는다. 매년 이맘때는 반복되는 힘든 일이지만 마당에 나무가 있어 좋다. 마당 한쪽 수돗가 옆에는 화살나무와 단풍나무가 마주하고 있는데 서로 멋진 색깔을 뽐내며 누가 더 멋지나 경쟁하듯 매혹적인 자태를 드러내고 있다.

지난 주말에는 군대 간 지 6개월 된 아들의 군 개방 행사가 있어서 경기도 포천을 다녀왔다. 올 4월에 입대해서 자대배치 받고 지금까지 어쩌면 남들과 조금 다른 일로 마음고생을 한 아들을 부대에서 만나니 더 대견스럽고 의젓해 보였다. 마침 부대 정원도 가을 분위기를 물씬 풍겼는데 특공대원들만큼이나 열정적인 단풍이 한눈에 들어왔다. 빨간 단풍 밑에서 아들과 어깨를 나란히 하고 사진을 찍었다. 지난 힘든 시간이 붉게 물들어가는 기분이었다.

4월에 신병교육대 입소를 하고 한 2주 차쯤 되었을 때 군내에 간 아들로부터 편지가 왔다. 어릴 때 이후로는 아들이 쓴 편지를 받아본 기억이 없다. 먼저 입대를 시킨 부모들 얘기로는 평소 같지 않게 내용도 구구절절하고 편지지도 여러 장 써서 왔더라는 얘기는 들었던 차라 아들의 편지가 내심 기대됐다.

그날도 회사에 일이 밀려 조금 늦게 퇴근을 했는데 남편이 아들한테서 편지가 왔다며 개봉도 하지 않은 편지 봉투를 내밀었다. 먼저 읽어 보지 그랬냐고 했더니 아들 엄마가 먼저 보는 것이 나을듯해 궁금함을 참고 내가 퇴근할 때까지 기다렸다는 것이었다. 남편이 건넨 편지 봉투를 받아들고 손은 겉봉을 뜯고 있었지만, 머릿속은 여러 가지 아들이 써 내려갔을 만한 문장들로 가득 채워지고 있었다. 그런데 "이게 웬 편지"하고 남편과 뚫어지게 편지지를 쳐다봤다. 남편과 나는 황당하면서도 충격적인 편지 한 장을 들고 어쩌나 하는 걱정과 함께 허탈하게 웃을 수밖에 없었다.

아들은 필체가 예쁘지 않다. 그래서 나한테 악필이라고 핀잔을 자주 듣곤 했었다. 하지만 편지지에 쓰인 내용은 아주 정갈하고 간결한 글씨로 쓰인 한 문장이었다. "706 특공연대 갑니다." 그밖에 아무런 내용이 없었다. 하물며 인사도 서두도 없었다. 이것이 군대 간 아들의 첫 편지라니 믿어지지 않았다.

큰조카가 몇 년 전에 706 특공연대를 제대했던 터라 그곳은 말 그대로 정예부대로 체력이 우수한 사람만 가는 곳이라고 알고 있었다. 그런데 아들은 체력과는 전혀 거리가 먼 사람이다. 아들의 편지도 편지지만 믿을 수가 없었다. 그렇다고 훈련소에 있는 아들과 연락이 되는 것도 아니고 한동안 걱정만 하고 있었다. 그러다 한번 주말에 통화가 되었는데 특공대 가는 것이 사실이고 자기가 지원했다는 말을 듣고는 내가 모르는 아들의 면모가 있을 수도 있겠구나 싶었다.

  아들은 평소 운동을 좋아하지도 않지만, 남자들이 학창시절 흔하게 하는 축구 한 게임 뛰어 보지도 못했을 정도로 체력이 부족했다. 그 부분은 본인 자신도 알고 있고 그렇다고 그런 것이 사회에서는 전혀 문제 될 것이 없었다. 그러나 군대는 말 그대로 체력이 뒤따르지 않으면 안 되는 곳이지 않은가. 그런데도 아들은 특공대를 지원했다는 것이다.

  아들이 신병교육대에 있을 때 특공대원을 뽑아가기 위해 특공연대 관계자들이 왔었다고 한다. 그때 아들이 우선으로 선발이 되어 면접을 보게 되었는데 자신은 체력이 부족해 특공대를 갈 수 없다고 했단다. 그런데도 체력은 얼마든지 단련하면 된다는 말과 함께 특공대만의 자랑거리를 늘어놓는데 자기도 모르게 그만 "할 수 있습니다."하고 외쳤다는 것이다. 그것이 아들이 감내해야 할 군 생활의 시작이 될 줄은 미처 몰랐으리라.

  훈련소 퇴소식이 2주 남았을 즈음 군에서 연락이 왔다. 아들이 폐렴으로 군 병원에 입원했다는 것이다. 마지막 훈련을 마치고 열이 심해 병원으로 이송되었다고 했다. 마침 주말이라 부랴부랴 아들이 있는 국군양주병원으로 갔다. 밤낮의 기온 차가 심한 시기에 야간 훈련까지 했으니 체력적으로 약한 아들이 이겨 내지 못했을 것이다. 건강하게 입대를 했는데 한 달도 지나지 않아 이렇게 초췌해진 아들의 모습을 군 병원에서 마주하다니 보는 내 마음이 너무 아팠다. 하지만 며칠 입원 치료를 하고 열만 내리면 부대로 복귀할 수 있다는 말에 위안으로 삼고 면회 시간도 다 채우고 해서 집으로 발길을 돌렸다. 그런데 다음 날 오후 늦게 남편한테서 전화가 왔다. 아들이 위독하다는 연락이 왔단다.

내가 먼저 아들한테 가봐야 할 것 같다고 했다. 그때부터 나는 정신이 혼미해졌다. 어제 만난 아들의 모습은 그런대로 괜찮았는데 밤사이 무슨 일이 있었던 것일까? 직장 일도 그렇고 아들 걱정도 되고 어떻게 해야 할지 한동안 멍하게 있었다. 바로 출발한다고 해도 저녁 늦게 도착해서 제대로 대응을 할 수 없을 것 같았다. 그래서 서울에 있는 큰오빠한테 먼저 연락을 취했다. 나는 내일 새벽에 출발할 테니 먼저 아들한테 가봐 달라고 했다. 엄마로서 그 순간 빨리 취할 수 있는 것이 그것밖에 없었다. 위급한 순간에 바로 옆에 있어 줘야 하는데 먼 거리 앞에서 어쩌지 못하고 있는 나 자신을 자책할 수밖에 없었던 그때를 생각하면 아직도 마음이 아리고 아프다. 그때부터 3주 가까운 시간

동안 아들에게 위험한 고비도 있었지만 힘든 치료의 시간을 잘 이겨내고 동기들보다 조금은 늦었지만 706 특공연대로 자대배치 받고 특공대원이 되었다.

남들보다 부족한 체력을 다지기 위해, 그리고 자신으로 인해 팀원들에게 피해가 생기지 않을까 하는 마음으로 더 많은 시간을 자신과 싸우면서 버텼을 아들의 시간이 스친다. "엄마, 나는 울고 싶지 않았는데 훈련을 하다 보면 그냥 눈에서 눈물이 흘렀어."라고, 이제는 추억처럼 얘기하는 아들의 말이 귓전에 맴돈다.

아들이 보낸 짧은 편지 속에 담긴 마음이 어느 긴 편지보다 깊은 여운으로 남는다. 다음 주부터 5일간 특공 훈련에 들어간다고 했다. 추운 날씨에 낙엽을 매트리스 삼아 야외에서 잠을 자야 한다는데 가을바람에 뒹구는 낙엽이 좋은 잠자리가 되어 주길 바라본다.

## 밋밋해도 좋아

 

일요일 오후, 텔레비전에서 화가 밥 로스의 그림 그리기가 방송된다. 오래전 떠난 사람이지만 지금도 살아서 그림을 그리고 있는 것 같은 느낌이다. 푸들 같은 머리 모양을 한 친근한 밥 아저씨. 그의 필레드에는 언제나 색색의 물감들이 조질조질하는 듯, 그의 그림 그리기는 수없이 다시 보기를 해도 지겹지 않다.

밥 로스의 그림 그리기를 보고 있으면, 매일 반복되는 사람과의 관계 속에서 길을 헤매고 있는 나에게 잠시나마 위안의 시간을 가져다준다.

그가 그리는 풍경화는 모나지도 않고 삐걱거림도 없는 마냥 평온한 안식 그 자체다.

아웅다웅 내가 먼저 네가 먼저가 아닌 어우러짐. 그래, 무엇 때문에 서로 힘들어하는가? 밥 로스는 그림이 조금 흐트러지더라도 문제 될 것이 없다고 했다. 또 다른 풍경이 우리를 기다리고 있을 것이니 말이다. 이것저것 꾸밈없이 색을 섞었지만, 이질감이 느껴지지 않는 그의 그림 그리기. 언제나 '참 쉽죠?'라는 말을 반복하던 밥 로스, 조금 부족하더라도 어우러지게 할 수 있는 힘. 나는 그 힘을 '특별하지 않아도 괜찮아, 조금 밋밋해도 좋아'로 다시 그려본다.